PAUL HANNA

Não desista!

VOCÊ PODE!

EDITORA FUNDAMENTO EDUCACIONAL

Editor e edição de texto: Editora Fundamento
Capa e editoração eletrônica: Tricem – Comunicação e Design
CTP e impressão: SVP – Gráfica Pallotti
Tradução: Capelo Traduções e Versões Ltda. (Neuza Capelo)

Produzido originalmente por Penguin Books

Dados Internacionais de Catalogação na Publicação (CIP)
(Câmara Brasileira do Livro, SP, Brasil)

Hanna, Paul
Não desista! Você pode! / Paul Hanna; [versão brasileira da editora]
– 1. ed. – São Paulo, SP: Editora Fundamento Educacional, 2010.

Título original : Don't give up!

1. Atitude (Psicologia) 2. Atitude — Mudança 3. Motivação (Psicologia)
4. Sucesso — Aspectos psicológicos 5. Sucesso profissonal I. Título.

09-05367 CDD-158.1

Índices para catálogo sistemático
1. Atitude mental positiva e sucesso: Psicologia aplicada 158.1
2. Sucesso e atitude mental positiva: Psicologia aplicada 158.1

Fundação Biblioteca Nacional

Depósito legal na Biblioteca Nacional, conforme Decreto nº 1.825, de dezembro de 1907.

Impresso no Brasil

Telefone: (41) 3015 9700
E-mail: info@editorafundamento.com.br
Site: www.editorafundamento.com.br

Este livro foi impresso em papel chamois bulk 80 g/m² e a capa em cartão supremo alta alvura 250 g/m².

NÃO DESISTA! VOCÊ PODE!

Paul Hanna, um dos palestrantes mais requisitados quando o assunto é motivação, é a prova viva de que podemos alcançar nossos sonhos se soubermos segui-los com obstinação e perseverança.

Paul tinha apenas 14 anos quando perdeu o pai. Não foi um bom aluno em inglês, e deixou a escola aos 16 anos. Hoje, sua lista de clientes é composta pela elite corporativa da Austrália – e eles continuam cada vez mais solicitando sua consultoria.

Cerca de 20 mil gerentes e funcionários da Myer, a maior rede varejista da Austrália, assistiram a seminários de Paul; igual quantidade de empregados do McDonald's da Austrália e da Nova Zelândia fez o mesmo; e a lista não para por aí. Target, Vodafone, Qantas, Telstra, Toyota e Westpac são somente alguns exemplos de grandes corporações que já solicitaram os serviços desse dinâmico palestrante.

www.paulhanna.com

SUMÁRIO

CAPÍTULO 4

CAPÍTULO 5

CAPÍTULO 6

CAPÍTULO 7

CAPÍTULO 8

CAPÍTULO 9

CAPÍTULO 10

CAPÍTULO 11

INTRODUÇÃO

Fevereiro de 2002

Estou caído na base de uma rocha. Cerca de 20 pessoas com celulares me cercam. Um dos rapazes me diz:

– Não se mexa, não se mexa. Você caiu de cima da pedra. Olhe a sua perna!

Tem sangue em toda parte. Ouço vozes em torno de mim e o barulho de um helicóptero. Fico pensando se chegou a minha hora.

Minutos mais tarde, quando o helicóptero Westpac de resgate começa a me suspender, sou tomado por uma sensação de calma. Muitas vezes ouvi falar de "abandono", de "entrega a um poder superior" e, pela primeira vez na vida, posso dizer honestamente que é isso o que estou fazendo. Preso a uma maca, sei que não tem absolutamente nada que eu possa fazer. Tenho que praticar a aceitação total de um modo nunca antes experimentado.

Depois do que me parecem horas pendurado abaixo do helicóptero, finalmente sou içado para dentro dele e recebido pela tripulação com largos sorrisos e a saudação:

– Tudo bem agora, amigo!

Sou tomado pela emoção do momento e me debulho em lágrimas. Eu me sinto como Tony Bullimore, o marinheiro britânico que deu a volta ao mundo, ao ser encontrado pela equipe de resgate da Força Aérea Australiana sentado sobre o casco emborcado de sua embarcação no Oceano Austral. Diferentemente de Bullimore, porém, não posso beijar meus salvadores porque estou todo amarrado. Sorte deles!

O helicóptero toma o rumo do Royal North Shore Hospital, a apenas cinco minutos de distância. Sou retirado do aparelho e cercado por médicos e enfermeiros. A dor é tanta que não consigo me concentrar no que quer que seja. Ouço alguém perguntar:

– O que aconteceu?

– Ele caiu de uma rocha com a altura de três andares, quando caminhava.

– Qual é o diagnóstico inicial?

– É certo que fraturou a coluna, e o pulso está destroçado – respondeu uma voz segura.

Ouço a seguir palavras que nunca vou esquecer.

– Vai ficar para ou tetra?

Compreendo imediatamente que a voz se referia às minhas chances de ficar paraplégico ou tetraplégico. A ideia me apavora. Tudo parece ter acontecido depressa demais e meu corpo todo dói, mas ainda percebo o que se passa em volta. Sei que falam de mim e começo a me dar conta do estrago que fiz. Depois de recuperar a consciência ainda nas pedras, eu me mantive consciente durante a toda a operação de resgate e consigo lembrar meu nome, endereço e profissão. (Eles me perguntam isso a todo momento, para ter certeza de que estou bem.) Lá no fundo, eu me apego à ideia de que, depois de alguns exames, vou receber alta do hospital.

Com o passar das horas, vai ficando claro que os danos causados ao meu corpo são muito mais extensos e sérios do que eu imaginava. Parece que cada plantonista que vem me ver descobre mais um osso quebrado.

– Você quebrou a T12, com certeza.

– E a L1 também, já sabemos.

– Você fraturou os ossos do pulso, vamos ter de colocar uma tala o mais rápido possível.

– Achamos que tem os dois joelhos quebrados e talvez uma hemorragia interna, ainda não temos certeza.

Em meio ao torpor que se abate sobre meu corpo, pergunto a uma das enfermeiras se vou ter problemas para caminhar. Ela apenas sorri e diz em tom consolador:

– Vamos aguardar o resultado dos testes.

Percebo a extensão da enrascada em que estou metido. Esperava ouvir como resposta um "Não diga bobagens!" – como George, em Seinfeld – ou uma expressão tranquilizadora, garantindo que eu não teria com o que me preocupar. Começo a temer que nunca mais possa andar.

Deitado na cama, mais de dois anos atrás, percebi que a vida tinha me pregado uma peça. Até então, eu não sabia da extensão do desastre. Mas, quanto mais pensava no que estava por vir, mais calmo ficava. Analisei minha vida nos três anos anteriores e cheguei à conclusão de que havia superado situações bem complicadas: uma crise financeira que pensei que fosse me levar à ruína e uma queda nos negócios, que consegui reverter, alcançando um nível bem melhor do que antes.

E, justo quando pensava ter percorrido a parte mais difícil da estrada da vida, ali estava eu, em uma cama, olhando para o teto do Royal North Shore Hospital. "Lá vamos nós de novo", pensei.

No fundo do coração, porém, eu sabia que venceria mais uma vez, como havia feito antes. Teria apenas de aprender a encarar novos desafios. Naquela noite interminável, eu tive a certeza de que não desistiria.

Foi naquele momento que me veio a ideia deste livro. As primeiras lições aprendi mais tarde, quando eu lutava para reaprender a andar e tinha longas reuniões com os credores. E, é claro, quanto mais eu pensava, mais ideias surgiam.

Todos nós enfrentamos crises pessoais em determinado momento da vida. Para alguns, pode ser uma situação séria, como a perda de um ente querido, o fim de um casamento, o fracasso de um negócio ou um grave problema de saúde. Em outros casos, desemprego ou mudança de casa podem ser motivos de crise. No entanto, o que importa não é a crise em si, mas a forma como é encarada.

Este livro trata de superação. Trata de cair e levantar. Trata de erros, de atitudes equivocadas e de quedas de rochedos – literalmente! Em última análise, é um meio de mostrar que a vida se compõe de uma série de experiências de aprendizagem.

Histórias inspiradoras, de coragem e determinação, vão mostrar a você como transformar a crise em oportunidade. Vou contar a minha história para que você entenda que enganos e reveses fazem parte da vida de todos.

Acima de tudo, quero que este livro lhe dê ânimo e motivação, quaisquer que sejam os seus problemas. Quero que, inspirado por ele, você impeça a crise de se transformar em um ciclo negativo. Quero que aprenda com a experiência e consiga um saldo positivo.

Vou desenvolver em você algumas habilidades práticas e úteis quando for o caso de enfrentar tempos difíceis e caminhos acidentados. Como fazer isso? Por meio de ensaio e erro, de experiência direta.

Não Desista! Você Pode! ensina a ver a oportunidade que existe no centro de todo obstáculo. *Não Desista! Você Pode!* ensina a não deixar que outros lhe digam o que fazer, por mais desesperadora que pareça a situação. Mais que tudo, porém, *Não Desista! Você Pode!* ensina a transformar a crise em oportunidade.

E, se eu posso, VOCÊ PODE!

Capítulo 1

ENFRENTANDO A FALÊNCIA – BEM-VINDOS AO MEU PESADELO

NESTE CAPÍTULO

▪ O pesadelo começa ▪ O melhor trabalho do mundo ▪ O consultor do inferno entra em cena ▪ Falência e depressão – a dupla maldita! ▪ Aos poucos, o isolamento ▪ Despeço o consultor e assumo o controle ▪ Recuperando o controle ▪ Uma alternativa à falência – o salva-vidas ▪ Vencida a falência, uma nova montanha a ser escalada ▪ A batalha ▪ A venda do aparelho de som

Paul, não tem outro jeito, você precisa pedir falência.

Assim, embarquei em uma viagem para o inferno em todos os sentidos – financeiro, emocional e físico.

Com essas palavras do consultor financeiro, senti um choque percorrer todo o meu corpo. Eu me lembro de ficar imóvel, completamente aturdido. Estava na sala luxuosa de um importante escritório de advocacia em Sydney, com janelas que se abriam para uma vista deslumbrante. No entanto, não conseguia tirar os olhos do teto. Pela minha expressão, o consultor e o advogado tiveram a certeza de haver tocado em um nervo exposto.

– Em que está pensando, Paul? – perguntou o advogado.

– Diga alguma coisa – emendou o consultor.

Pela primeira vez na vida, fiquei mudo. Não sabia o que dizer. Tinha consciência da precariedade de minha situação financeira. Jamais, porém, nem em meus sonhos mais assustadores, pensei ouvir "falência" e "Paul Hanna" juntos na mesma frase. Não sou muito de beber, mas, quando o advogado me ofereceu uísque com gelo, aceitei com satisfação. Precisava me acalmar – e depressa – porque todo o meu futuro dependia daquele momento. Um erro ou um passo em falso, e eu estaria acabado.

Durante a leitura, você vai ver que cometi muitos erros e dei passos em falso até que eu conseguisse sair daquele pesadelo.

O PESADELO COMEÇA

Vou tentar expressar o quanto fiquei arrasado ao ser obrigado a enfrentar a possibilidade de me considerar falido. A falência é um passo grande demais e traz com ela um verdadeiro estigma. Minha resposta inicial à ideia de falência foi pensar nas limitações que meu estilo de vida teria de sofrer – o que não me pareceu nem um pouco interessante. Mal sabia eu que aquele evento se transformaria em um terrível pesadelo, envolvendo muito mais do que simples mudanças no estilo de vida; eu não estaria lutando apenas por meu futuro financeiro, mas pela saúde e pelo bem-estar emocional.

Mas, afinal, o que deu errado?

Se fosse escrever um roteiro para cinema, não acredito que criasse uma história melhor do que a da minha vida. Eu ia muito bem, fazendo palestras por toda a Austrália e outros países, a convite das maiores corporações, quando, em um piscar de olhos, da noite para o dia, estava diante da falência.

O MELHOR TRABALHO DO MUNDO

Quando iniciei minha carreira, no fim dos anos 80, tinha o objetivo de vir a ser um dos poucos palestrantes motivacionais bem-sucedidos na Austrália. Todo o dinheiro que recebi foi investido na carreira, para alcançar meu objetivo. Na época, quase todas as grandes empresas australianas convidavam palestrantes dos Estados Unidos para conferências e ciclos de treinamento. Assim, o primeiro desafio foi tornar meu nome conhecido.

Com o lançamento do meu primeiro livro em 1997, vieram os progressos. Antes, era conhecido apenas no circuito empresarial, o grande público não sabia quem era Paul Hanna. Tudo começou a mudar quando *Você Pode!* passou a encabeçar a lista dos mais vendidos em toda a Austrália, chamando a atenção da mídia e me elevando a um nível mais alto na arena das palestras para empresas. Com o destaque dado ao livro, comecei e ser convidado por clientes com quem jamais fizera contato. Tudo parecia caminhar de acordo com meus planos. Eu me sentia nas alturas.

Nos anos seguintes, publiquei mais cinco livros e posso dizer com satisfação que todos foram *best-sellers*. Escrever é uma das maiores alegrias que tenho na vida. É uma tarefa muito mais difícil do que se possa imaginar, mas incrivelmente gratificante, em especial quando o livro entra na lista dos mais vendidos. A cada lançamento, eu ficava mais conhecido, e novos clientes eram acrescentados ao meu portfólio.

Em 2000, durante a preparação de mais um livro, comecei a reparar que meu estilo de vida tinha fugido ao controle. Agora, quando olho para trás, percebo que fiz muitas dívidas; na época, porém, achei que tudo daria certo porque eu ganhava bem.

Assim, quanto mais dinheiro ganhava, mais meu estilo de vida subia. Mas estava tão concentrado na carreira que me esqueci de fazer uma pergunta importante: o que acontece quando o dinheiro para de entrar?

Era fácil ignorar os sinais de advertência. Meu pai morreu de ataque cardíaco aos 52 anos. No entanto, como eu não fumava nem bebia, acreditei estar levando uma vida saudável. É verdade que carregava uns quilinhos extras, mas tudo bem. O que a vida tem de estranho é que nunca se sabe o que vai acontecer daqui a pouco.

A ENTRADA EM CENA DO CONSULTOR DO INFERNO

Poucos meses mais tarde, durante a viagem de volta da Espanha, aonde tinha ido fazer uma palestra, meditei sobre meus negócios e resolvi tomar algumas decisões sérias: precisava cortar gastos.

Pensando que um consultor poderia ser de grande ajuda no processo, contratei um. Para minha decepção, ele começou a me sabotar desde o início. Era como se não conseguisse aceitar o fato de eu falar para grandes plateias e ganhar bem por isso, apesar de não possuir nível universitário. Minha paixão por automóveis também parecia incomodá-lo. Às voltas com seu carro velho, dizia não entender como alguém podia desejar dirigir algo mais elaborado.

Em vez de oferecer soluções para os meus problemas financeiros, ele se concentrou nas possibilidades negativas. Em vez de buscar meios de superar a crise, acrescentou novos obstáculos. Lentamente, mês após mês, foi minando minha autoestima e provocando um estrago impressionante. Eu sabia que ninguém conseguiria destruir minha autoestima sem meu consentimento. Afinal, quantas vezes tinha tocado no assunto ao falar da "conta bancária da autoestima" (veja o capítulo 9) para as plateias dos seminários. Ainda assim, estava deixando que o sujeito me influenciasse.

Pela primeira vez na vida, eu me vi impotente. Sentia estar perdendo o controle das finanças e da mente. Para usar a linguagem que emprego nos seminários, eu estava "voando a baixíssima altitude" e me sentia incomparavelmente mal.

FALÊNCIA E DEPRESSÃO – A DUPLA MALDITA!

Desde o início, o consultor me sugeriu a falência e não conseguia entender por que eu não concordava. Dia após dia, ele repetia que a falência não é o fim do mundo. Só não mencionava a possibilidade de que eu pagasse a todos os meus credores.

Era inacreditável.

Se eu soubesse na época o que sei hoje, as coisas teriam sido muito diferentes. Mas acredito ser esta a razão da jornada da vida: aprender.

Devagar, ao longo de um ano, minha autoestima foi em queda livre. Ao lutar diariamente contra o consultor, desviei minha atenção do que era realmente importante. Atravessando uma época em que precisava de dinheiro como nunca, eu me sentia tão desanimado que não tinha energia sequer para falar ao telefone.

A carreira de palestrante começou a desandar. Sem contatos telefônicos, eu não fazia novos contratos. O correio, que antes entregava cheques polpudos, passou a levar apenas contas vultosas. O que pensei que fosse o ano da virada acabou no fundo do poço.

Na luta contra a ameaça de falência, acabei entrando em outro pesadelo inteiramente novo: a depressão.

AOS POUCOS, O ISOLAMENTO

No início, pensei que fosse capaz de administrar tudo, mas estava muito longe da verdade. Os fatos se sucediam – uma surpresa desagradável atrás da outra. Deixei de ser uma pessoa positiva, animada, para me retrair e fugir do convívio com quem quer que fosse.

Meu padrão de sono foi se alterando aos poucos, a ponto de acordar três ou quatro vezes por noite e ser tomado por preocupações e pensamentos pessimistas.

Sempre acreditei na eficiência dos psicólogos e várias vezes os recomendei aos meus clientes. Naquele momento, era eu quem precisava de ajuda psicológica, se quisesse sair do pesadelo.

Conversar sobre os próprios problemas com qualquer tipo de terapeuta é uma atitude que requer confiança. Por isso, eu sabia que talvez precisasse visitar vários profissionais até encontrar o ideal. Depois de três tentativas, finalmente encontrei um excelente psicólogo que me ajudou a separar as duas questões que mais me atormentavam: a falência e a depressão. Ao mesmo tempo, ele me mostrou como uma atitude do tipo "não desista" me levaria a superar a crise.

Foi durante uma daquelas sessões esclarecedoras que percebi: até aquele ponto da vida, eu havia assumido total responsabilidade por tudo e, no entanto, ali estava, em um dos mais importantes estágios da vida e da carreira, perdendo o "lócus de controle". *Locus* é a palavra latina que se refere a "posição". Portanto, lócus de controle significa estar em posição de controle sobre as situações da vida. Entendi que precisaria recuperar o lócus de controle e o domínio da situação.

DESPEÇO O CONSULTOR E ASSUMO O CONTROLE

Duas semanas depois da primeira conversa com o psicólogo, eu já me sentia bem melhor. Compreendi que tinha colocado minha responsabilidade nas mãos do consultor, esperando que ele resolvesse tudo. Essa atitude, no entanto, foi como tentar apagar o fogo com gasolina, o que tornou uma situação difícil muito mais perigosa.

Depois de algumas discussões carregadas de tensão com meu consultor, exigi a devolução imediata de todos os documentos que tinha entregado para ele e o proibi de atuar em meu nome, em qualquer situação. Ninguém gosta de ser despedido, é claro, e com ele não foi diferente. Pelas semanas seguintes, agiu como se estivesse realmente preocupado comigo, mas afinal se convenceu de que metera os pés pelas mãos e subestimara minha determinação de não chegar à falência.

RECUPERANDO O CONTROLE

Inspirado pela decisão de retomar o controle das minhas finanças, tive a ideia de discutir o assunto com alguns dos meus clientes mais confiáveis e experientes. Com distanciamento, eles conseguiram analisar a situação mais claramente e, juntos, elaboramos um plano de ação. Foi uma grande ajuda.

O primeiro passo foi visitar os credores, um por um, e explicar pessoalmente que eu havia perdido o controle, mas pretendia pagar integralmente todas as dívidas. Foi uma experiência incrível. Eu nunca poderia imaginar que fossem tão compreensivos ao ouvir minhas explicações.

Um dos maiores credores me disse:

– Paul, nunca criamos problema quando o devedor quer cumprir com suas obrigações. A questão é que chegamos a pensar que você não fosse honrar a dívida.

Custei a acreditar no que ouvi. Afinal, quem me conhece sabe que eu jamais faria algo assim. Mas ficou uma importante lição: é preciso assumir o "lócus de controle" e não entregar o próprio destino nas mãos de quem quer que seja.

Quando perguntei ao credor por que tinha pensado que eu fosse deixar de pagar o que devia, ele respondeu:

– O seu consultor nos disse que você estava de malas prontas para ir morar em Londres.

De novo pensei que meus ouvidos me estivessem enganando. E o mais surpreendente foi que muitos dos outros credores confirmaram a história, comentando o quanto tinham ficado desapontados comigo. Um deles chegou a dizer que, por ser meu fã, a decepção fora maior ainda; daí sua alegria quando o procurei para conversar. Segundo ele, quem se comprometia agora a pagar todas as dívidas era o verdadeiro Paul Hanna – aquele que nunca desiste.

UMA ALTERNATIVA À FALÊNCIA – O SALVA-VIDAS

Um dos credores, ao saber de minha intenção de pagar tudo o que devia, sugeriu que eu procurasse um administrador de insolvência chamado Michael. Ele organizaria uma reunião com todos os credores para elaborar um "documento comprobatório" – um Part 10 Agreement. Trata-se basicamente de um calendário de renegociação da dívida, de modo que o devedor tenha tempo de se recuperar e pagar o que deve sem abrir falência.

A reunião foi um sucesso. Minha decisão de visitar todos os credores, assumindo total responsabilidade pelas dívidas, rendeu ótimos dividendos. Como já tinha explicado a situação e me comprometido a pagar, todos eles aceitaram o documento comprobatório.

VENCIDA A FALÊNCIA, UMA NOVA MONTANHA A SER ESCALADA

Saí da reunião meio zonzo. Por um lado, havia afastado o fantasma da falência, mas tinha diante de mim uma montanha de dívidas; por outro lado, os credores me elogiavam a integridade e a abordagem corajosa do tipo "não desista". Estava orgulhoso porque, apesar dos erros que me levaram à desorganização financeira, tinha seguido a intuição e feito a coisa certa. Tudo se encaminhava para uma solução, e eu me sentia ótimo.

Fui passear no Jardim Botânico, pensando no que poderia acontecer se não assumisse a responsabilidade pela situação. Se tivesse deixado tudo nas mãos dos outros, acabaria sendo mais um número na estatística das falências, enquanto o consultor se afastava, deixando para mim a tarefa de tentar juntar os pedaços.

Neste exato momento, quanto de responsabilidade você está assumindo pelas suas dificuldades? Como se viu pela minha experiência, coisas incríveis podem acontecer quando assumimos o controle.

A BATALHA

Um fator de confiabilidade para os credores foi a vultosa soma de dinheiro que coloquei sobre a mesa de reunião, como prova de minhas boas intenções. Ao ver o dinheiro, eles tiveram certeza de que eu falava sério e estava disposto a grandes sacrifícios para honrar o compromisso assumido. No entanto, o entusiasmo do momento me fez subestimar as dificuldades que teria para alavancar os negócios e fazer o dinheiro entrar novamente.

Cerca de um mês depois da reunião com os credores, percebi que estava ficando sem dinheiro. Já havia passado pela mesma situação, no início da carreira, e resolvi cortar gastos, inclusive em comida. Tinha conseguido alguns clientes novos, mas o sucesso vinha aos poucos. Precisava de dinheiro imediatamente ou logo não teria nem o que comer. Era desanimador.

A VENDA DO APARELHO DE SOM

Três meses antes, eu tinha vendido dois relógios, para garantir minha sobrevivência por algum tempo. Foi uma decisão difícil, claro, mas o negociante que fez a compra e a esposa dele foram muito discretos, além de fazerem um bom preço e me permitirem manter a dignidade. O falecido armador e bilionário Aristóteles Onassis disse certa vez que todos deveríamos carregar um bloco de notas mental, para registrar e não esquecer o tratamento recebido nos bons e nos maus tempos. Aquele negociante foi solidário e dele recebi mais que um pagamento justo, ele me deu algo a ser registrado no bloco de anotações.

Desta vez, a aparelhagem de som teria que ser vendida. Enquanto desligava o fio, repetia para mim mesmo: "Calma. Você ainda vai ter um melhor e maior." Tranquilamente, telefonei para algumas lojas da rede Cash Converters de Sydney. Quando perguntei quanto poderiam oferecer, responderam que seria melhor levar o aparelho até lá, para que fosse avaliado. Praticamente todas as lojas que comercializam objetos usados adotam essa prática. Ainda assim, sentia-me desconfortável, como um cordeiro a caminho do matadouro. Mas precisava de dinheiro – e depressa – e resolvi aceitar o que me oferecessem. Eu não voltaria para casa com o aparelho.

Seria impossível ir de ônibus ou trem até a loja, carregando um objeto tão pesado. Precisei pegar um táxi. Com um saldo de apenas 100 dólares, sabia que os 15 dólares da corrida de táxi fariam falta, mas não via outro meio de chegar à loja e receber o dinheiro. Parece desespero? Pois era assim que me sentia. Para piorar, a primeira pergunta que o motorista me fez quando entrei no táxi foi:

– Isso aí não é coisa roubada, não é, amigo?

Sei que não foi nada pessoal, mas o comentário me fez sentir mal.

Para piorar as coisas, quando chegamos à porta da loja, ele se recusou a trocar minha nota de 100 dólares. Fui a um bar próximo e pedi um pacote de balas de hortelã. O dono do bar também relutou em trocar o dinheiro, mas insisti, nada no mundo me faria desistir, depois de tanto esforço físico e mental.

Depois de pagar a corrida e retirar o aparelho de som de dentro do táxi, sobraram 85 dólares. Eu sabia que dependentes de drogas vendem qualquer objeto para comprar a próxima dose e sempre lamentara por eles. Naquele momento, podia lamentar ainda mais, pois estava fazendo o mesmo, tentando trocar um aparelho de som e outro de vídeo por dinheiro vivo. Ficaria feliz se conseguisse 2 mil dólares pelo primeiro e 800 dólares pelo segundo.

Pensamentos positivos e negativos me atravessaram a mente: Perdedor – Como pude descer tanto? Sobrevivente – Vou achar um jeito. Vítima – Por que ninguém me ajuda? Apesar das palavras contraditórias ecoando dentro da minha cabeça, consegui distinguir uma vozinha que dizia: "Não desista. São só objetos. Você ainda vai ter maiores e melhores."

No fim de meus seminários, alguém sempre me pergunta quem motiva o motivador, ou seja, quem me motiva. Sempre respondo que são meus leitores e minhas plateias. Ao me afastar do táxi e entrar na loja, pensei neles, minha fonte de inspiração, e encontrei forças para continuar.

Conto esta história porque, naquele momento, eu devia ter a palavra "medo" escrita na testa. Minha linguagem corporal revelava tudo. Via-se que os funcionários da loja sabiam que eu precisava de dinheiro. Passei anos ouvindo de meus clientes que tenho um excelente estilo de negociação; no entanto, estava ali tomado pelo medo e pela dúvida, sem saber como conduzir uma das negociações mais importantes da minha vida. Acostumado a fazer negócios que envolviam centenas de milhares de dólares, não sabia se seria capaz de vender um simples aparelho de som! Minha autoestima estava muito baixa mesmo.

O dono da loja me olhou bem nos olhos e disse:

– Dou 400 dólares. É o máximo.

Meu coração se apertou. "Brincadeira! Estou sendo roubado!", disse para mim mesmo. Olhei para trás e me senti desconfortável ao ver que começava a se formar uma fila de pessoas que pareciam tão desesperadas quanto eu, tentando vender de tudo, de pranchas de surfe e relógios a miniaparelhos de som.

Enquanto me recompunha e colocava os pensamentos em ordem, lembrei que só tinha 85 dólares. Enquanto eu pensava, o funcionário perguntou a outro que se aproximava quanto valiam os meus objetos. Ao saber da oferta de 400 dólares, ele riu e falou:

– Eu teria oferecido 350.

Eu sabia que a tentativa de pagar o mínimo pelo artigo oferecido era um procedimento-padrão, mas não poderia sair da loja sem os

400 dólares. A atitude das pessoas na fila atrás de mim – suspirando e reclamando, deixando claro que não tinham o dia todo – aumentava a pressão.

O funcionário, percebendo meu desconforto, adotou um tom mais conciliador. Não me encostou na parede nem criou uma atmosfera de agressividade. Fazendo com que me sentisse bem, facilitou a minha decisão. Consegui pensar nos 400 dólares que levaria para casa. Eu precisava do dinheiro – caso contrário, não estaria ali. Não dissemos isso claramente, mas ambos sabíamos.

Em meus seminários, eu sempre dizia que ninguém destrói a autoestima do outro sem permissão. Naquele dia, porém, vi que, às vezes, a vida cria situações que podem facilmente fazer com que o indivíduo se sinta uma vítima – ainda que não queira. Finalmente, aceitei os 400 dólares e saí da loja tomado por emoções contraditórias. Por um lado, trazia algum dinheiro comigo; por outro, eu me sentia arrasado.

Nos bons tempos, eu tinha dois Mercedes-Benz na garagem. Ao sair da Cash Converters, embarquei em outro tipo de Mercedes: um ônibus urbano. Detestei.

Quando penso naqueles dias, agora que a saúde e os negócios estão muito melhores, tenho a impressão de que tudo aconteceu em outra vida ou com outra pessoa. Foi difícil, mas a experiência valeu a pena. Saí dela exatamente como esperava: mais forte e mais sábio.

Capítulo 2

FRENTE A FRENTE COM A MORTE – O ACIDENTE EM QUE NÃO MORRI POR POUCO

NESTE CAPÍTULO

- O acidente que mudou minha vida
- A chegada ao Royal North Shore Hospital
- A primeira de muitas noites no hospital

Um dos grandes enganos que as pessoas cometem ao pensar na vida é acreditar que jamais sofrerão um revés. Precisamos aceitar que existem coisas que podemos controlar. O importante é aprender com os erros e transformá-los na base sólida sobre a qual construímos o futuro. Mas existem também aspectos incontroláveis. Existem situações que exigem caráter, coragem e determinação. É dessas situações que geralmente saímos mais fortes do que antes.

Assim que dei início ao processo da minha recuperação financeira, percebi que as oportunidades apareciam, como se alguém quisesse me recompensar pela energia positiva. Consegui um grande cliente, para quem havia feito trabalhos esporádicos durante os tempos de crise – Coles Myer, o maior empregador privado da Austrália. Que ótimo! A primeira tarefa foi uma palestra para a equipe da mais nova loja Myer em Sydney. Deu tudo tão certo que acabei falando para mais de 20 mil funcionários da Myer, Target, Kmart Tyre e Auto.

Então, na esteira do sucesso com Coles Myer, fui convidado pelo McDonald's da Nova Zelândia para ser o palestrante principal no grande encontro de franqueados em Christchurch. Era uma grande honra. Mais de 20 mil funcionários e gerentes de filiais do McDonald's da Austrália e da Nova Zelândia assistiram aos seminários, o que confirmou a confiança que depositavam em mim. As coisas começavam a melhorar.

Chegou o Natal de 2001. Pela primeira vez em quase um ano e meio, percebia que voltava a ser eu mesmo. Estava ganhando dinheiro e pagando minhas dívidas. Era a antiga vida novamente ao meu alcance. Senti que ainda tinha o mesmo entusiasmo. Era tudo uma questão de direcionamento.

Eu ainda vivia de hotel em hotel – a conta de Coles Myer me fazia viajar constantemente. Enquanto viajava e as coisas melhoravam, aproveitei para escrever *Venda Mais! Você Pode!*. Boa parte foi escrita em quartos de hotel e outra porção durante as viagens, entre uma palestra e outra. Ainda assim, estava três meses adiantado em relação ao prazo para a entrega do trabalho. Minha vida voltou a ser movimentada, a ponto de precisar de um pouco de descanso. Só precisava relaxar e fazer algumas correções na redação final do livro. Era a segunda semana de fevereiro de 2002.

Finalmente, estava de volta. Fui contratado pela Target e pela Ford, e o trabalho com as várias divisões da Coles Myer e do McDonald's ia de vento em popa. O ano que começava parecia próspero. Eu me sentia cheio de vida e disposição.

O ACIDENTE QUE MUDOU MINHA VIDA

Foi quando saí para uma caminhada.

Para mim, caminhar é uma das melhores maneiras de desanuviar a cabeça, além de ser um ótimo exercício. Na época, um dos meus lugares favoritos era em torno de Middle Head, uma bela área arborizada, de onde se tem uma ampla visão do porto. Por isso, quando da famosa regata anual Sydney-Hobart, os espectadores ocupam as trilhas, para observar a partida. O panorama sempre me fez sentir livre, leve e bem-disposto. Naquele dia, eu estava especialmente bem. Fui caminhar para relaxar um pouco, embora continuasse a pensar nos negócios.

Enquanto caminhava, observava os iates. Todo habitante de Sydney sabe que, durante o verão, há regatas nas noites de quinta-feira. É lindo ver as velas brancas enfileiradas. Mas naquela terça-feira as velas eram vermelhas, o que não é comum. Eu me aproximei da beira da rocha e disse para um rapaz que também havia parado para olhar:

– O que é isso?

Eu estava curioso. Imaginei que fosse uma espécie de regata particular.

Para ver melhor, avancei sobre o que pensei ser terreno sólido coberto de vegetação. Caí da rocha. A queda me pareceu acontecer em *slow motion*. Ainda hoje vejo a cena, como se eu não estivesse lá e assistisse a tudo em um filme. Enquanto caía, tentei me agarrar a uma borda da pedra e me lembro de ver o rapaz com quem tinha acabado de falar – a imagem da surpresa e da incredulidade. Ele instintivamente me estendeu os braços e imaginei o que estaria tentando fazer, porque eu tinha consciência de estar escorregando, embora procurasse desesperadamente me agarrar aos tufos de terra e à vegetação, a ponto de ficar com as mãos escurecidas. "Não consigo", murmurei e, com a sensação de estar voando, fui caindo e só parei uns dez metros abaixo.

Enquanto caía, só via pedras abaixo de mim. Foi na tentativa de amortecer a queda que fraturei o pulso. Pude ouvir alguém dizendo ao longe:

– Oh, não, ele vai cair de novo!

E rolei mais alguns metros, batendo em outra pedra, quando machuquei as costas. A segunda queda deve ter acontecido em cerca de dez segundos, mas me pareceu um minuto.

E caí mais uma vez, a terceira. Tendo batido em três pedras, o dano maior foi causado pela última, onde fraturei a coluna. Perdi os sentidos, como se me entregasse ao que tivesse de acontecer.

Ainda me lembro da sensação de estranheza e horror. Foi como em um parque de diversões, quando sentimos o chão fugir sob os pés, ou como, quando em nosssa infância somos derrubados pela onda do mar e não conseguimos tocar a areia do fundo. O aperto no estômago foi o mesmo. "Droga! Estou caindo!", pensei. Mas uma parte de mim se recusava a acreditar.

Quando voltei a mim, no fundo da rocha, estava cercado de gente com rádio-comunicadores. A dor era terrível e eu não conseguia me mover. Da praia ainda mais abaixo, um grupo grande de pessoas observava. Não sei de onde saíram. Só sei que aquela plateia não me agradava nem um pouco.

O helicóptero de resgate já sobrevoava a área – tinha chegado minutos depois da minha queda – e ficou por ali até a chegada da ambulância e dos policiais. Soube mais tarde que tanta rapidez só tinha sido possível porque o aparelho estava por perto, onde atendia a outra emergência.

A polícia da região – a New South Wales Police – foi extraordinária e chegou logo depois da equipe do helicóptero. Os policiais são mais conhecidos por sua função de fazer cumprir a lei, e é nesse tipo de situação que costumamos recorrer a eles. Caído imóvel abaixo da rocha, ainda pensei: "Se sair dessa, vou oferecer meus serviços à polícia como agradecimento." (Tenho a satisfação de dizer que mais de mil policiais daquela corporação já assistiram aos meus seminários depois daquele dia fatídico.)

Quando tentei fazer um movimento, senti uma dor horrível nas costas e no lado esquerdo do corpo. Disse todos os palavrões que se possa imaginar. Mais tarde, fiquei sabendo que havia quebrado várias vértebras. Fui levado para uma parte mais alta do terreno, de modo a ser içado pelo helicóptero. A equipe da ambulância me aplicou uma dose de morfina e ficou o tempo todo falando comigo, fazendo perguntas do tipo: "O que você faz? Qual é o seu nome? Onde mora?" Assim foi até a chegada ao hospital, para que tivessem a certeza de que eu estava consciente e não havia nenhum sinal de ataque cardíaco ou acidente vascular cerebral, o que às vezes acontece em situações de estresse como aquela.

A viagem de maca foi cruel. Como o tecido é maleável, senti-me apertado quando me levantaram do chão. E mais: fui girando no ar até chegar ao helicóptero. O tempo todo, repetia: "Tudo bem. Está tudo bem agora, companheiro." Fechei os olhos e pensei: "Se eu não olhar, não vou saber que estou girando." Era assim que fazia quando, ainda menino, andava na montanha-russa do Luna Park. A impressão de instabilidade, de estar a ponto de cair novamente, era assustadora. Só me senti mais seguro ao chegar ao helicóptero. O suporte que se projeta para fora fez com que a maca parasse de girar. Fui então colocado no chão do aparelho e me lembro de ter pensado: "Tem cheiro de carro novo."

Um dos membros da equipe se aproximou e disse:

– Você está em boas mãos.

Foi um momento de muita emoção. Recolhido o rapaz que fora lá embaixo me preparar para a viagem, o helicóptero partiu rumo ao Royal North Shore Hospital, a apenas alguns minutos de voo.

No ano de 2003, foi comemorado o 30º aniversário do Westpac Rescue Helicopter Service – a equipe que me resgatou do fundo da rocha. Para comemorar, houve um jantar de gala no Westin Hotel de Sydney. Peter Mangles, diretor executivo, convidou-me a ser o palestrante principal, queria que eu relatasse minha experiência e dissesse o quanto o serviço fora importante para mim.

Diante de mil convidados, contei:

– Muitas coisas boas já foram ditas a respeito destes rapazes. Mas quando me içaram na maca, enrolado como uma múmia, este aqui teve o cuidado de dizer: "Quando chegar lá em cima, cuidado para não bater no aparelho." E, em seguida, gritou a plenos pulmões para o piloto: "Ele é um bocado pesado, colega!" Mesmo no estado em que me encontrava, tive a presença de espírito de pensar: "Obrigado pelo elogio."

A plateia explodiu em risadas. Foi um meio de relaxar, depois de duas histórias emocionantes contadas por dois sobreviventes que não tiveram tanta sorte quanto eu. O primeiro foi o jovem Tim Rafton, que sofrera um acidente de carro seis anos antes, quando tinha apenas 17. Ele conseguiu sobreviver, mas perdeu as duas pernas. Tim falou antes de mim, contou uma história de luta e superação e levou a plateia às lágrimas.

Mas a parte mais emocionante foi quando o apresentador da cerimônia, o ex-astro do futebol Graeme Hughes, perguntou a Tim o que ele diria se encontrasse aqueles que o resgataram. Tim disse que não saberia o que dizer, mas com certeza ficaria extremamente emocionado, já que sua vida fora salva pela decisão crucial tomada pela equipe: amputar-lhe as pernas no local do acidente. Então, os dois paramédicos a que o jovem se referia surgiram atrás dele, vestidos em seus macacões de trabalho, e o surpreenderam. A plateia foi ao delírio, aplaudindo e chorando ao mesmo tempo. Foi um dos momentos mais bonitos a que já assisti.

Então, chegou a minha vez – tarefa difícil. Antes, um fato extraordinário tinha acontecido. Tinha um casal à minha mesa e, ao sentar, me apresentei:

– Olá. Sou Paul Hanna.

– Sei. Eu o reconheci – foi a resposta.

Perguntei, então, se havia lido algum dos meus livros ou participado de um dos meus seminários. Ao ouvir o que ele disse em seguida, fiquei tão surpreso que poderia ser derrubado pelo toque de uma pluma.

– Mais que isso, amigo. Eu o resgatei.

Fiquei sem fala. Estava diante de Peter Yates, o piloto-chefe do serviço de resgate. O mesmo que me recebera dizendo "Você agora está em boas mãos", quando cheguei ao helicóptero no dia do acidente. Aquele foi um dos grandes momentos da minha vida, quando reencontrei alguém que acabara de conhecer – ou pelo menos a quem acabara de ser apresentado formalmente!

A CHEGADA AO ROYAL NORTH SHORE HOSPITAL

O helicóptero tomou a direção do Royal North Shore Hospital, onde existe um dos melhores centros para problemas de coluna na Austrália. Foram apenas cinco minutos, da cena do acidente ao heliporto sobre o hospital. Médicos e enfermeiros me rodearam enquanto, cuidadosamente, me transferiam do helicóptero para a maca. "Como acontece nos filmes", foi o pensamento que me veio à mente.

Enquanto era transportado até o setor de emergência, ouvi vozes que comentavam o acontecido:

– Caiu de uma rocha enquanto caminhava.

– Qual é o diagnóstico inicial? – alguém perguntou.

– Fraturou algumas vértebras e esfacelou o pulso – respondeu outra voz.

E, então, aquelas palavras que jamais vou esquecer:

– Ele vai ficar para ou tetra?

Depois de ser examinado rapidamente pelo setor de emergência, passei por todos os tipos de máquina que se possa imaginar. Cheguei ao hospital mais ou menos às 17h30min e às 2h ainda fazia exames de imagem. Absolutamente exausto, dormia e acordava a pequenos intervalos. Recebi mais morfina para suavizar a dor. As coisas não pareciam bem e me sentia estranho.

Com o passar das horas, foi ficando claro que meu corpo tinha sofrido um grande estrago. E ali estava eu, imóvel, com dor, exausto e apavorado.

A PRIMEIRA DE MUITAS NOITES NO HOSPITAL

Por horas e horas, senti a boca insuportavelmente seca. Só pensava nos anúncios de cerveja na televisão, em que um trabalhador suado bebe avidamente uma Tooheys ao som de música. Eu beberia umas três ou quatro. A equipe de enfermagem era incrível – todos muito calmos e seguros – nada parecia trabalhoso. Uma das enfermeiras ficou sentada ao meu lado conversando sobre os problemas de seu casamento, enquanto colocava pedras de gelo em minha boca. Eu me lembro de ter pensado: "Estive tão perto da morte e ainda dou consultoria!" Durante a conversa, ela mencionou um ditado que muitas vezes ouvi de minha mãe: "Deus nunca nos dá um fardo que não possamos carregar." Aquelas palavras, apesar de conhecidas, me confortaram no momento em que eu mais precisava.

Afinal, por volta das 3h, fui levado a um quarto para dormir um pouco. Os exames haviam terminado e ia começar uma nova fase. Repetia para mim mesmo que todas as crises da minha vida foram sucedidas por um período de grande sucesso. Então, apesar do desconforto da situação, decidi naquele momento que não adiantava reclamar, se quisesse vencer a adversidade, teria de viver um dia de cada vez. Mais tarde, descobriria que falar é mais fácil que fazer. E seria muito mais difícil do que eu podia imaginar.

Eu tinha passado quinze anos ensinando às plateias de várias partes do mundo que, se mantivessem o foco em seus sonhos e objetivos, os reveses da vida não seriam tão sérios. Minha carreira era a confirmação disso. Teria, então, de provar mais uma vez minha teoria – desta vez com algo muito mais sério: minha saúde e minha felicidade. Teria que me recuperar do pior dos reveses.

Capítulo 3

DA HUMILHAÇÃO À EXULTAÇÃO

NESTE CAPÍTULO

▪ Quatro enfermeiros para uma troca de posição a cada duas horas ▪ Você precisa tentar se sentar, Paul ▪ Reaprendendo a andar ▪ Chega o grande dia ▪ Relendo *Você Pode!* ▪ Novas metas – uma nova tampa para a caixa

Por mais estranho que pareça, na época do acidente e no período que se seguiu, eu me senti como se já tivesse vivido aquilo. Embora fosse a primeira vez que eu tenha caído de uma rocha e jamais tivesse estado entre a vida e a morte, continuava com a sensação de já ter passado pela experiência. Talvez seja essa a explicação para a minha calma durante os primeiros dias que se seguiram ao acidente.

Depois de uma semana hospitalizado, porém, a calma desapareceu. Percebi que durante muito, muito tempo não iria a nenhum lugar e que as fraturas da coluna me fariam empreender uma das mais acirradas batalhas da minha vida.

QUATRO ENFERMEIROS PARA UMA TROCA DE POSIÇÃO A CADA DUAS HORAS

Apenas sete dias antes, eu estava abrindo uma conferência para o McDonald's, em Christchurch, e naquele momento, deitado de costas, dependia de quatro enfermeiros. Foi um choque. Nunca tinha passado pela situação de ter que confiar a outras pessoas as tarefas de aliviar a dor ou cuidar das necessidades físicas (estou tentando ser diplomático!). E agora precisava de quatro para mudar minha posição na cama de duas em duas horas. Desanimador.

Muitas vezes me avisaram que deveria ficar em posição horizontal, sem fazer nenhum movimento, ou correria o risco de me tornar um paraplégico ou tetraplégico. Desde o primeiro dia, compreendi muito bem a ameaça à minha saúde e a possibilidade de jamais voltar a andar. Portanto, só o que tinha a fazer era ficar deitado. Não ofereci resistência; aceitei, dizendo para mim mesmo: "Vai passar."

O que achei realmente difícil de aceitar foi o "estilo militar" adotado pelo hospital e que eu era obrigado a seguir. Em um minuto, era o dono da minha vida; no minuto seguinte, era tratado como uma criança de 5 anos. Não que eu seja ingrato – agradeço de todo o coração o que fizeram por mim e o modo como estabilizaram meu estado –, mas tanto tempo passado no hospital me abriu os olhos para a situação do sistema de saúde do meu país. No entanto, por mais que simpatizasse com o pessoal da equipe e lamentasse suas condições de trabalho, sabia que eu tinha lutas maiores diante de mim, como ficar de pé e tentar andar novamente.

Anos antes, quando o governo incentivou os australianos a contratarem seguros de saúde privados, escolhi a melhor cobertura possível. Fiquei com um plano "platinum", que me pareceu bastante bom em 2000, quando assinei o contrato, e acabou se revelando o melhor investimento que eu poderia ter feito. Você vai saber por quê.

Depois da primeira semana, os especialistas começaram a ficar mais otimistas a cada dia. Analisando a situação, reconheço que devo ter sido um paciente difícil, porque questionava tudo. Tinha ouvido muitas histórias de gente que deixou a saúde inteiramente nas mãos dos médicos, acreditando que eles sabem o que fazem. Quando minha mãe foi atropelada por um motorista bêbado, a equipe de enfermagem se confundiu com a medicação e deu para ela antibióticos aos quais tinha alergia. Fiquei tão impressionado com o incidente que prometi, caso algum dia viesse a ser hospitalizado, não deixar que o mesmo acontecesse comigo.

Então, decidi: ainda que algum dos profissionais se aborrecesse, não teria importância, desde que eu mantivesse o controle da situação. Para isso, fazia muitas perguntas e esclarecia todas as dúvidas.

Para minha surpresa, porém, nenhum dos médicos ou enfermeiros se aborreceu. Pelo contrário: todos se diziam satisfeitos com o meu interesse e que gostariam que todos os pacientes fossem assim. Na minha opinião, essa deveria ser a regra geral. No entanto, pelo que vi, enquanto o paciente tenta se manter vivo, a família e os amigos concordam com tudo, sem fazer perguntas.

VOCÊ PRECISA TENTAR SE SENTAR, PAUL

– Você tem que tentar se sentar, Paul.

Quando ouvi estas palavras, pensei: "Que bom. Vou poder assistir à televisão normalmente, em vez de ficar olhando para o teto." Mas, como tudo o mais naquele período da minha vida, eu não imaginava o quanto seria doloroso. Pense no que você faz toda noite antes de dormir. Se for como a maioria, provavelmente pega um livro ou uma revista, ajeita-se na cama e fica lendo até o sono chegar. Então, você se deita, apaga a luz e dorme.

Isso tudo era impossível para mim. Não conseguia tirar a cabeça do travesseiro e muito menos levantar as costas. Quando tentei, senti uma tontura terrível. As enfermeiras foram muito solícitas, incentivando-me o tempo todo. Sempre gostei da frase de Ken Blanchard (O Empreendedor Minuto): "O feedback é o alimento dos campeões." Mas é terrível quando esse feedback nos chega por meio de palavras de incentivo do tipo "Está indo muito bem, Paul... fantástico... excelente." Eu me sentia de volta ao jardim de infância, sendo elogiado pela professora por ter feito um belo desenho com lápis de cor. Tive que aprender a sentar novamente, um movimento banal em tempos normais – mas que me levou às lágrimas por não conseguir.

Nunca me vi como um "moloide", daí ficar tão aborrecido por não fazer algo simples, como me sentar na cama. Comecei a dizer palavras duras para mim mesmo: "Se não consegue nem sentar, como espera voltar a falar diante de milhares de pessoas?" No entanto, quando esses pensamentos negativos surgiam, logo vinha uma voz salvadora dizendo: "Na próxima semana, você vai poder assistir à televisão todos os dias, sentado na cama."

Comecei a me visualizar sentado, recebendo as visitas. Em inúmeros seminários, eu ensinara à plateia que o subconsciente não é capaz de distinguir entre o real e o imaginário. Decidi entrar em um "simulador de voo" e praticar o movimento de sentar – assim como os pilotos praticam, antes de aterrissar em um aeroporto desconhecido. Fiz isso até me ver sentado.

Dois dias depois, eu me surpreendi (e à equipe de enfermagem) sentando sozinho para tomar o café da manhã. Todos valorizaram meu progresso e me senti como um menino que acabou de ganhar uma estrela dourada no caderno escolar. Não haveria força no mundo capaz de impedir que me sentasse naquele dia, mas eu sabia que fora impulsionado pelo "treinamento mental" que tantas vezes ensinara a plateias de todo o mundo. A preparação mental para um desafio faz toda a diferença.

Como disse um famoso atleta olímpico: "Você tem que se ver no pódio, com a medalha de ouro no pescoço. Daí, você consegue." Agora entendo o que ele quis dizer, aprendi na prática.

REAPRENDENDO A ANDAR

Pelos cumprimentos que recebi ao conseguir sentar na cama, alguém poderia pensar que eu tivesse vencido a maratona. Foi impressionante a repercussão do meu feito. Enfermeiros e técnicos de enfermagem de toda a ala elogiavam minha determinação e persistência, fazendo jogos de palavras com os títulos dos meus livros: "Eu disse que você pode!" ou "Acreditando, você consegue!" Embora fizessem graça, eles estavam totalmente certos. Se eu não acreditasse que era capaz de sentar, teria ficado meses jogado na cama.

Enquanto eu recebia cumprimentos pelo progresso e o otimismo tomava conta da equipe, uma das supervisoras da equipe de enfermagem lembrou:

– Agora, vamos colocar você para andar.

Talvez você pense que fiquei entusiasmado com a notícia. Nada disso. A simples menção daquelas palavras me fez suar frio. Quem já teve de ir à frente de um grupo de pessoas para "dizer umas poucas palavras" sabe do horror que pode ser estar fora da zona de conforto. Eu estava muito satisfeito por ter conseguido sentar, e de repente me lembraram que aquela era a parte mais fácil; em poucos dias, teria que reaprender a andar.

Fiquei apavorado.

Uma das maiores dificuldades foi a tontura constante provocada pelo longo tempo em posição horizontal e pela aplicação diária de morfina e de um coquetel de medicamentos para evitar infecções, que vinha recebendo desde que cheguei ao helicóptero naquela noite fatídica. Já que eu havia conseguido sentar, os médicos decidiram suspender a aplicação de morfina por via intravenosa. A ideia da dor que poderia sentir com a suspensão do medicamento me fez vacilar, mas eu sabia que isso devia ser feito o mais depressa possível, pois ouvira muitas histórias de pacientes que se tornaram dependentes de heroína depois de um longo tratamento com morfina. Não sei se é lenda ou não, mas não ia pagar para ver. Recentemente, perguntei a alguns médicos, que me disseram que essa é uma situação mais comum do que se pensa. Um deles foi enfático ao dizer que não se trata de lenda, mas da mais pura realidade.

Com a suspensão da morfina, como as enfermeiras haviam me avisado, comecei a ter pesadelos terríveis. Segundo elas, tratava-se de uma reação comum, e eu não deveria ficar impressionado. Eu me lembro nitidamente de um deles: um soldado romano, vestido com uma roupa feita de malha metálica, vinha montado em um camelo e investia sobre mim. Não sei o que isso quer dizer na linguagem dos sonhos. Pode ser que algum leitor me escreva contando...

Como parte da preparação para a etapa seguinte, o médico insistiu para que eu mandasse fazer um colete, que deveria ser usado pelos seis meses seguintes, pelo menos. Meu braço estava em uma tala desde que eu havia chegado ao hospital, e o colete teria mais ou menos a mesma função. Primeiro, seria feito um molde do meu corpo, para que a peça se ajustasse perfeitamente. Dois dias depois, fui apresentado a um colete branco, parecendo de plástico, com tiras de velcro para prender ao corpo. Eu me senti meio estranho, mas as enfermeiras disseram que seria de grande ajuda. Na verdade, o colete me deixou diante de um dilema semelhante ao medo que tive de sentir dor ao ser suspensa a aplicação de morfina. Mais tarde, quando me recuperava em casa, também senti dificuldade em abandonar o colete. Ele tinha sido um verdadeiro amigo, apoiando-me e me permitindo andar novamente. Como confiar em meu corpo para me manter de pé? Com o colete, eu estava pronto para os primeiros passos.

E estava apavorado.

CHEGA O GRANDE DIA

É difícil traduzir em palavras a dor que senti na minha primeira tentativa de reaprender a andar. Eu tremia o tempo todo, porque sabia o quanto tinha sido difícil me sentar na cama. Mas não havia como estar preparado para minha total falta de controle do corpo.

Todos os meus músculos estavam basicamente adormecidos desde o dia do acidente e, de repente, eu os mandava de volta ao trabalho. Devo dizer que eles resistiram com toda a força de que dispunham. Por mais difícil de entender que seja, tive de reaprender cada passo, como se nunca tivesse andado. Minha mente, totalmente confusa com a experiência, tentou impedir esse reaprendizado. Isso explica os "apagões" que sofri. Mas a enfermagem estava preparada. Segundo fiquei sabendo, aquele era o resultado da adaptação do corpo à posição vertical, e para isso ele precisava reorganizar o fluxo sanguíneo.

Nunca vou esquecer os primeiros passos que dei. Eu tinha um andador grande, semelhante àqueles usados por pessoas idosas com dificuldade de caminhar. A cada tentativa, as costas latejavam de dor, como se alguém as estivesse esfaqueando repetidamente. Por mais força de vontade que tivesse, era muito difícil.

Eu implorava às enfermeiras que me deixassem sentar, mas a resposta era sempre a mesma:

– Só mais um pouquinho, Paul. Depois, você volta para a cama.

Quando a dor era insuportável, minha mãe chegou, acompanhada de uma das minhas tias, para uma de suas duas visitas diárias. Surpresa por me ver de pé, ela fixou os olhos nos meus e explodimos de emoção. Enquanto ela me abraçava, comecei a chorar incontrolavelmente, e as enfermeiras me acomodaram em uma cadeira de rodas. Foi a melhor coisa que poderia ter acontecido. Assim, liberei toda a tensão que havia em mim e pude recomeçar.

A meta era percorrer três metros até a cama. Depois de várias tentativas, acabei conseguindo, com um tempo de cerca de dez minutos, incentivado pelas enfermeiras e amparado por minha mãe e minha tia. Quando sentei na cama, parecia ter corrido a maratona de Sydney: completamente exausto. A dor era tanta que as enfermeiras me aplicaram uma dose de morfina.

Tendo experimentado a dor e o horror da caminhada, as dúvidas e a vontade de desistir me tomaram a mente com incrível intensidade.

As enfermeiras percebiam o que se passava e me animavam, dizendo que a cada dia ficaria mais fácil. Gostaria de acreditar. O dia seguinte era tão doloroso quanto o anterior – e às vezes, pior, pois eu sabia o que estava por vir. A atitude positiva se desfez e me vi diante da verdade nua e crua: ou rompia a barreira da dor, ou jamais voltaria a andar.

Simples assim.

RELENDO *VOCÊ PODE!*

Depois de uma segunda tentativa de caminhada, eu me senti completamente arrasado. Pensei que fosse me sair muito melhor. Estava decepcionado comigo.

Naquela noite, quando a enfermeira entrou no quarto para ver como eu estava passando, em vez de encontrar um Paul Hanna "para cima", encontrou um homem com pena de si mesmo.

– O que está havendo, companheiro?

Como sabia do duro dia de trabalho das enfermeiras, eu me contive, mas a vontade foi de gritar "Você é cega ou o quê? Não está vendo como estou?"

Em vez disso, menti:

– Nada... Estou bem.

A resposta veio rápido:

– Espero que no palco seja mais convincente!

Eu precisava mesmo de uma dose de conforto. Acabei rindo e expliquei que os últimos dois dias tinham sido muito difíceis – muito mais do que eu imaginava – e já não tinha certeza se conseguiria suportar.

A equipe do hospital tinha pedido para a minha família que levasse um exemplar de cada um dos meus livros, que foram então arrumados em uma prateleira perto da cama. Ela pegou *Você Pode!* e disse:

– Deveria ler este livro, companheiro.

– O que quer dizer com "ler"? Fui eu que escrevi! – argumentei.

– Pois chegou a hora de pôr em prática os seus ensinamentos.

Uau! Acertou em cheio!

Por incrível que pareça, era o que estava esperando: que alguém me dissesse para ler o livro que eu mesmo escrevera seis anos antes. Queria desesperadamente encontrar nele a motivação de que tanto precisava, mas achei que seria estranho uma visita entrar no quarto e me encontrar mergulhado na leitura de um livro escrito por mim. "Ora, danem-se os outros!" – pensei. Tratava-se do meu futuro e faria de tudo para me reerguer.

Devo admitir que, ao começar a leitura, me veio à memória uma série de lembranças. Como qualquer autor pode confirmar, é possível lembrar em que situação foi escrita cada uma das partes de um livro. Enquanto lia *Você pode!*, não apenas relembrei todas as histórias, como revisitei os lugares onde as havia escrito. Seis anos antes, eu morava em uma parte muito bonita de Sydney, chamada Cottage Point, e a leitura me trouxe de volta a lembrança de bons tempos. Adiante, falarei mais de Cottage Point.

Foi uma sensação estranha. Se por um lado, sabia que era o autor do livro e portanto conhecia todas aquelas palavras, por outro lado me agarrava a elas em busca da confiança que tinha na época em que as tinha escrito. Pensei nas voltas que a vida dá. Nem em pesadelos eu poderia imaginar que, dali a seis anos, estaria em uma unidade especializada do Royal North Shore Hospital, buscando encontrar sentido nos acontecimentos. Não se tratava apenas da perspectiva de reaprender a andar, mas de enfrentar o pesadelo da minha situação financeira e do risco de falência, já que ficaria impedido por muito tempo de fazer palestras.

Em uma noite, li *Você Pode!* de ponta a ponta e me senti revigorado. Os conceitos do livro não somente me inspiraram novamente, como permitiram que me visualizasse de volta às palestras para grandes plateias. Em meus seminários, sempre enfatizei o fato de que devemos examinar os reveses da vida no contexto das metas estabelecidas. Quando não temos objetivo, os problemas ocupam todo o espaço. No entanto, quando percebemos cada revés em relação a uma meta a ser atingida, tudo se encaixa.

Naquele momento, entendi que precisaria reformular meus sonhos e objetivos. O acidente que me obrigou a enfocar a necessidade de sobreviver me fez perder o foco na direção que devia seguir. A incerteza do futuro abalou mina tenacidade. Eu sabia que teria que visualizar uma cena muito nítida da minha volta ao trabalho ou não conseguiria romper a enorme barreira que tinha diante de mim. Em meus seminários, sempre faço uma comparação: assim como, ao montar um quebra-cabeça, é interessante ter diante de si a tampa da caixa, para ver como vai ficar o trabalho depois de pronto, é preciso estabelecer metas, para ver qual será o panorama futuro. Os acontecimentos que se precipitaram sobre minha vida nos dois anos anteriores tinham desarrumado a tampa da caixa. Isso não acontece da noite para o dia, os reveses vêm um de cada vez. O mesmo se dá com os relacionamentos. Raramente duas pessoas se desentendem de uma hora para outra; em geral, a "tampa da caixa" vai se desarrumando aos poucos – como se sabe, praticamente impossibilitando a montagem do quebra-cabeça.

NOVAS METAS – UMA NOVA TAMPA PARA A CAIXA

Na manhã seguinte, acordei revitalizado e focado. A equipe notou que eu estava diferente e comentou isso. Depois do café da manhã, comecei a anotar exatamente o que queria: voltar a fazer palestras em um espaço de seis meses. Por mais estranho que possa parecer, ao ver as palavras escritas, eu me senti muito mais forte. A dúvida dos dias anteriores foi substituída pela determinação de alcançar a meta que acabara de estabelecer. Eu faria o que fosse preciso para alcançá-la.

Quando a enfermeira chegou para os exercícios do dia, ficou surpresa com a minha disposição de enfrentar uma experiência que havia sido tão dolorosa no dia anterior.

– O que lhe deram no café da manhã? – perguntou, referindo-se a minha nova atitude.

Respondi que tinha uma meta a atingir e ia conseguir. Sei que ela considerou o período de seis meses curto demais – e talvez estivesse certa –, mas não quis cortar meu entusiasmo, em especial porque sabia o que viria a seguir. Então, disse simplesmente:

– Muito bem. Então, é melhor começarmos.

A caminhada foi tão dolorosa quanto no dia anterior, mas, daquela vez, algo diferente aconteceu. Quando pensei em pedir para interromper por causa da dor, a súbita visão de milhares de pessoas aplaudindo invadiu minha mente. Uma plateia imaginária gritava palavras de incentivo : "Não desista, Paul! Você consegue!"

Quando voltei para a cama, a dor era a mesma do dia anterior, mas havia um sorriso no meu rosto. Pela primeira vez, tinha a certeza de que iria vencer a luta. E sabia por quê.

Metas – novas metas a perseguir, maiores e melhores do que o problema que enfrentava.

Enquanto me conduzia de volta à cama, a enfermeira perguntou se poderíamos tentar novamente no dia seguinte, à mesma hora. Minha resposta a surpreendeu:

– Quero andar novamente esta tarde.

– Está brincando, não é?

– Nada disso. A que horas pode voltar aqui, à tarde? Preciso do máximo de exercício.

Ela balançou a cabeça e, com um sorriso, perguntou:

– Às 16h está bom para você?

– Minha agenda está cheia, mas vou dar um jeito.

Ambos sabíamos que eu não iria a nenhum lugar, mas também sabíamos que aquele era um grande passo no caminho da recuperação.

A etapa da autoconfiança..

CAPÍTULO 4

PARA CHEGAR AO MAIS FÁCIL, É PRECISO PASSAR PELO MAIS DIFÍCIL

NESTE CAPÍTULO

▪ Minha recuperação física foi um teste de força mental ▪ Um passo de cada vez – literalmente! • Os sinais de trânsito deveriam ser mais demorados ▪ Cada tarefa básica diária é uma grande batalha ▪ Pelo menos um ano sem dirigir ▪ Dirigindo pela primeira vez – mais uma batalha ▪ O pesadelo continua – de novo a perspectiva de falência ▪ É nos pequenos gestos que as pessoas mostram quem são ▪ Diante dos credores

Em *Você pode!*, falo sobre o estabelecimento de metas como um meio crucial de enfocar o que se quer da vida. Com metas estabelecidas, os reveses não permitem que o foco se perca. Mal sabia eu o quanto minha força de vontade seria posta à prova.

MINHA RECUPERAÇÃO FÍSICA FOI UM TESTE DE FORÇA MENTAL

Sempre me considerei uma pessoa determinada. Acho que aprendi com minha mãe, que ficou viúva aos 43 anos, com seis filhos para criar e um negócio para administrar. Nada, porém, serviria como preparação para o que aconteceu depois que tive alta do hospital.

Quando conversei sobre o assunto com o cirurgião, ele me avisou que, antes de melhorar, as coisas ainda iriam piorar. "Você não conhece Paul Hanna, camarada", resmunguei comigo mesmo. "Depois disso aqui, o resto vai ser como um passeio no parque."

– Aqui, quando você toma banho, alguém pega as toalhas. Espere até ter de fazer isso sozinho. Para chegar ao mais fácil, é preciso passar pelo mais difícil – ele advertiu.

Só entendi o que ele disse quando saí do hospital e entrei na vida real.

UM PASSO DE CADA VEZ – LITERALMENTE!

Não há nada como chegar de uma viagem, seja de negócios ou lazer, e entrar em casa, dormir na própria cama e se sentir seguro e confortável. Depois do acidente, a maravilhosa experiência de voltar para casa se tornou ainda mais importante por causa dos acontecimentos. Meu último contato com a casa tinha sido naquela tarde de terça-feira, quando saí para caminhar. Ao voltar, dois meses depois, tive a impressão de que o tempo havia parado. Tudo me parecia ao mesmo tempo familiar e estranho. Os móveis continuavam no mesmo lugar, mas a vida estava toda desarrumada.

Fisicamente, eu também tinha mudado. Trazia uma tala da mão ao ombro e um colete. Andava devagar, com passos incertos, como uma criança pequena. Na verdade, era isso mesmo: precisava reaprender a caminhar – uma experiência dolorosa. Cada passo era programado e controlado. Nada ficava ao acaso.

Nos meses seguintes, o sedentarismo forçado teve um efeito dramático sobre o meu peso. Tudo o que havia emagrecido no hospital foi recuperado com alarmante facilidade em três semanas. Enquanto estive hospitalizado, resisti a comer chocolate, apesar de gostar muito, e a estratégia pareceu funcionar. No entanto, de repente, eu me vi de volta a minha casa, com pena de mim. Minha força de vontade deu lugar a pensamentos do tipo "Vamos lá, Paul, você quase morreu... merece um chocolate". Amigos, parentes e clientes bem-intencionados insistiam em que os acompanhasse em uma pizza acompanhada de uma inevitável cerveja! Com tanto amor e atenção, os quilos foram se acumulando rapidamente. Mais tarde, voltaremos a falar disso.

OS SINAIS DE TRÂNSITO DEVERIAM TER O DOBRO DO TEMPO

Um mês depois de ter alta do hospital, eu me dei conta de que ainda não tinha saído de casa. Resolvi dar uma volta. Com a situação financeira estabilizada, estava morando em um bom apartamento em frente ao Royal Botanic Gardens – o jardim botânico de Sydney. Ainda bem. Quando me sentia preso, ia para a varanda olhar o verde. Quando se chega perto da morte, as pequenas coisas adquirem uma importância especial.

Certa vez, eu estava na varanda apreciando a chuva de verão e as pessoas que corriam em busca de abrigo. Na época, minha irmã Mary ia almoçar comigo todos os dias.

– É melhor deixar os vidros fechados, senão você vai se molhar – ela avisou.

Mas se havia deixado os vidros abertos exatamente por isso! A chuva no rosto me fazia muito feliz! Era como se fosse a primeira vez.

Percebi então como às vezes deixamos de valorizar situações simples, mas imensamente prazerosas. O que aconteceu no dia seguinte, porém, me deixou tão frustrado que volto a sentir a mesma sensação agora, no momento em que escrevo.

Mary insistiu para que fôssemos almoçar em uma pequena cantina italiana que ficava no térreo de um edifício comercial do outro lado da rua. Achei uma boa ideia. Seria um modo de comemorar minha volta ao mundo real. Fazia três meses que eu não ia "lá fora". Tinha ficado com um pouco de fobia, mas na época não sabia disso. Não imaginava como seria a experiência. Quando desci pelo elevador e cheguei ao nível da rua, comecei a me sentir vulnerável. Somente quem passou por uma experiência assim consegue entender. Era como desembarcar em uma cidade completamente estranha, apesar de ter nascido e passado toda a minha vida em Sydney. Eu estava desorientado e assustado.

Quando passei em frente à cafeteria que fica ao lado do prédio onde moro, o balconista me reconheceu e perguntou:

– Que diabos aconteceu com você?

Nos meses seguintes, foram poucos os dias em que não ouvi um comentário como aquele ao encontrar uma pessoa conhecida. Impossível não reparar na tala, no colete e na minha dificuldade de caminhar.

Naquela primeira saída, a caminho da cantina italiana, fiquei diante de um dos desafios mais difíceis de superar. Estávamos prontos para atravessar a rua. Quando o sinal fechou para os carros, começamos a andar na faixa de pedestres, uma atividade banal para qualquer um, em circunstâncias normais. Apoiado em Mary, eu tinha a impressão de que todos corriam, mas não: era eu que andava muito devagar. Em vão tentei apressar o passo; impossível. Então, para meu horror, o sinal abriu. Eu olhava para o que me pareceu um enorme letreiro onde se lia (NÃO ANDE) e não conseguia acreditar. Para piorar, uma fila de carros avançou em nossa direção. Eles estavam certos, com a luz verde a seu favor, mas nós tínhamos chegado apenas ao meio do caminho.

É impossível descrever a sensação. Ali estava eu, parado no meio de uma rua no centro de Sydney, em meio às buzinas dos carros e aos xingamentos dos motoristas que me mandavam sair dali. Começamos os dois a chorar. Foi quando me veio à mente o comentário do cirurgião: "Antes de melhorar, as coisas ainda vão piorar." E soube exatamente o que ele quis dizer. Mas a experiência, que poderia ser desanimadora, me deixou ainda mais determinado a atingir minhas metas e recobrar a saúde por completo. Eu não ia desistir.

CADA TAREFA BÁSICA DIÁRIA É UMA GRANDE BATALHA

Eu jamais me colocaria – e às batalhas que tive de enfrentar – na mesma categoria dos paraplégicos e tetraplégicos. Sempre respeitei essas pessoas extraordinárias, mas agora as compreendo ainda melhor. A diferença é que eu, um dia, voltaria a andar, e elas não. Enquanto minhas dificuldades desapareceriam aos poucos, a sorte delas estava decidida.

O aspecto mais frustrante em um problema físico é o fator tempo, em especial para alguém impaciente como eu. O corpo precisa de tempo para chegar à cura. Por mais que o indivíduo seja determinado, precisa aprender a aceitar. Para mim, o mais difícil foi o enorme e constante cansaço. No hospital, eu ficava deitado 90% do tempo. Às vezes, dava um passeio pelo corredor com a ajuda do andador, no máximo três vezes por dia, e, quando voltava para a cama, tinha quem fizesse tudo por mim.

Em casa, o cansaço era terrível. Tentei usar o computador, mas a tala na mão direita impediu. A cada progresso, sentia-me exausto e precisava voltar para a cama. Isso aconteceu durante mais ou menos três meses. A dor causada pelo movimento de deitar e levantar era terrível. Acabei me acostumando, sem deixar de repetir para mim mesmo: "Vai passar." Mas, lá no fundo, uma vozinha instigava: "Ande logo! Não aguento esperar!"

PELO MENOS UM ANO SEM DIRIGIR

Uma das informações mais decepcionantes que recebi no hospital foi quando o médico disse que eu não poderia dirigir por pelo menos doze meses. Esta, provavelmente, seria uma notícia desagradável para a maioria das pessoas, mas para mim - um apaixonado por carros - foi arrasadora. Esse gosto pelo volante foi herdado do meu pai, que adorava nos levar aos domingos para passear em locais como Leura, nas Montanhas Azuis, ou a Costa Central, ao norte de Sydney, com praias e matas intocadas.

Apesar da advertência, eu me lembro de ouvir uma rebelde voz interior dizendo, bem dentro da minha cabeça: "Isso é o que você pensa... Logo, logo, vou estar dirigindo!"

Sou forçado a admitir que fui otimista demais e subestimei o tempo necessário para a recuperação, mas as metas estabelecidas me mantiveram motivado. Eu sabia que precisava andar o mais depressa possível, não somente para retomar a carreira de palestrante, mas para voltar a dirigir!

DIRIGINDO PELA PRIMEIRA VEZ - MAIS UMA BATALHA

Você lembra a primeira vez em que se sentou ao volante de um carro? Talvez estivesse ao lado do pai ou da mãe, que tenham cometido o erro de tentar ensinar você a dirigir, ou do instrutor da autoescola. Quando me vi diante do carro, tive a impressão de começar tudo de novo. Os últimos acontecimentos tinham abalado a minha confiança, e eu já não estava seguro de ser capaz de dirigir.

Tinham-se passado três meses e meio da alta do hospital e decidi que não podia esperar mais. Foi nesta mesma época que Mary e eu tomamos coragem de sair para almoçar na cantina italiana. Eu tinha solicitado à locadora que me mandasse um Toyota RAV4, que, embora não seja o máximo do luxo, é o mais próximo de um veículo utilitário esportivo com tração nas quatro rodas. Já que ia reaprender a dirigir, queria fazê-lo em um dos melhores carros da frota.

Minha programação incluía acordar cedo, antes que o tráfego ficasse intenso, e pegar o caminho de Palm Beach. Embora fosse um percurso de cerca de uma hora, depois do movimento dos primeiros quilômetros, o restante seria tranquilo e não haveria maiores problemas. Palm Beach era e continua sendo para mim como um lar espiritual – já sentia falta de ir até lá.

Como aconteceu em outras situações daquele período da minha vida, subestimei a dor que sentiria e o grau de determinação necessário para alcançar meu objetivo. A dor começou quando abri a porta do carro. Uma das consequências dos ferimentos que sofri na queda foi a dificuldade de flexionar o corpo; portanto, entrar no carro foi extremamente doloroso. Durante seis meses, fiquei impedido de fazer determinados movimentos: precisava girar o corpo todo, sem flexioná-lo. Na próxima vez em que entrar em um carro, preste atenção aos movimentos necessários. Você vai se surpreender!

Depois do sofrimento que foi entrar no carro, era preciso começar a dirigir, o que acabou sendo uma operação interessante. O longo tempo de inatividade me reduziu a força muscular, por isso não consegui soltar o freio de mão. Essa foi a primeira frustração, irritante como todas as outras que se seguiram. Pedi a um passante que soltasse o freio e dei a partida.

O primeiro choque foi a dor a cada vez que pisava no freio. Muito embora soubesse de todas as conexões entre as várias partes do corpo e, por isso, tivesse pedido à locadora um carro automático, não podia imaginar que a dor fosse tão intensa e restritiva, nem que se manifestasse ao menor movimento. Aquela foi uma das experiências mais dolorosas da minha vida. Chegar a Palm Beach foi como travar uma verdadeira batalha, mas eu sabia que não poderia fugir dela. Além de um passo na direção do retorno à vida normal, aquela era uma importante contribuição à recuperação da autoestima e da autoconfiança.

Depois de um café relaxante em Palm Beach, a viagem de volta a Sydney não me atraía nem um pouco. Normalmente, gosto de dirigir pela costa, passando por Seaforth, até chegar ao burburinho de Sydney. Daquela vez, o trajeto foi percorrido em meio a tanta dor que tive de parar três vezes, para descansar e recobrar as forças.

O que começou como uma bela manhã cheia de entusiasmo terminou em completa exaustão. Passei dois dias na cama me recuperando da dor e do cansaço provocados por movimentos que não deveria ter feito. No entanto, eu sabia que aquele fora o primeiro passo e, apesar da dificuldade, era preciso continuar, se de fato quisesse voltar a viver normalmente.

O PESADELO CONTINUA – DE NOVO A PERSPECTIVA DE FALÊNCIA

Diante da luta para conseguir executar sozinho atividades básicas, como tomar banho e usar o toalete, os negócios ficaram de lado. A renegociação conseguida com tanto sucesso ia aos poucos deixando de ser cumprida. Enquanto estive no hospital, a família e os amigos fizeram de tudo para me manter concentrado na minha recuperação física. Quando eu demonstrava preocupação com as finanças, eles me respondiam com frases do tipo "vamos ver isso quando você sair daqui" ou "isso não é nada; primeiro, volte a andar". Eles estavam certos, é claro. Devia me concentrar em um passo e um dia de cada vez. Ao estabelecer pequenas metas, conseguia visualizar o objetivo maior, que era o de readquirir total controle sobre minha vida.

Lembro bem uma tarde em que fui tomado pelas preocupações. Não via qualquer possibilidade de andar normalmente em menos de um ano. Então, como pagar aos credores? Uma forte ansiedade dominou meus pensamentos. O desespero começou a substituir a calma que sentia no hospital. Naquela tarde, tive consciência da magnitude dos meus problemas. A luta pela vida e as questões financeiras criaram um pesadelo de proporções inacreditáveis.

Comecei a temer que acabasse na falência, apesar de todos os meus esforços. Mas eu não aceitaria: preferia lutar o resto da vida a desistir. Tinha me comprometido a pagar e continuaria tentando cumprir a promessa até o meu último suspiro. Mais uma vez, o foco nas metas estabelecidas me fez esquecer o passado e pensar no futuro.

É NOS PEQUENOS GESTOS QUE AS PESSOAS MOSTRAM QUEM SÃO

É interessante como acontecimentos importantes fazem as pessoas demonstrarem seus instintos mais básicos. As opiniões que têm a respeito delas mesmas e dos outros vêm à tona. No meu caso, fiquei surpreso ao perceber que algumas tinham a certeza de que eu logo me acomodaria. Até compreendo que alguém desista, ao passar por uma situação semelhante à minha. O que não entendo é como alguns acreditaram que eu fosse "jogar tudo para o alto".

Não sou tão ingênuo a ponto de acreditar que, por trás dos conselhos para que desistisse, houvesse apenas motivos nobres. Alguns realmente se preocupavam comigo e não queriam me ver sofrer mais ainda. Minha irmã Mary e minha mãe se enquadram nessa categoria, com certeza. Mas outros a quem recorri em busca de apoio, gente de quem esperava ouvir palavras de estímulo, fizeram exatamente o oposto.

Veja alguns comentários que ouvi:

- Por que não muda de carreira e vai morar na Califórnia, para vender carros de luxo?
- Na Inglaterra também se fala inglês. Por que não pede falência e vai fazer suas palestras lá por uns três anos? Depois, pode voltar para casa como se nada tivesse acontecido.
- Por que não arruma um emprego na área de treinamento?
- Por que não se muda para Port Douglas e fica por lá escrevendo

pilhas de livros? (Devo admitir que a proposta me pareceu bastante tentadora!)

- Por que não procura um emprego com salário fixo?

De todos os comentários que não consegui engolir, o último foi o que mais me atingiu. Eu sabia que a natureza do meu espírito livre não me permitiria trabalhar para um patrão e, muito menos, receber ordens. Meu último emprego tinha sido em 1987, quando trabalhei para Qantas Holidays, e não consigo me ver novamente como empregado.

Sei que muitos não entendem meu raciocínio e até se aborrecem comigo. Compreendo que a perda do emprego é um dos acontecimentos mais traumáticos para algumas pessoas. Mesmo assim, rejeitava a ideia de trabalhar para alguém que me garantisse um salário, não importando o que eu tivesse que fazer para evitar isso. Mesmo com toda a dor e incerteza que experimentava no momento, sabia que tinha ido longe demais para desistir de ser meu patrão. E também sabia que, se conseguisse pagar aos credores, seria com dinheiro ganho em troca de uma atividade que me desse prazer.

DIANTE DOS CREDORES

É certo que, depois do acidente, tive de reduzir minhas atividades, inclusive no que diz respeito à carreira, ou seja: passaria dois anos ganhando pouco. De uma receita de sete dígitos e um alto padrão de vida, tive que me acostumar com uma receita modesta.

No primeiro ano, concentrei-me inteiramente em sobreviver e aprender a andar. Mas sabia o tamanho do desafio que me esperava adiante. Michael, um dos que mais me deram força quando da renegociação das minhas dívidas, foi me visitar no hospital. Ele queria que eu começasse a pensar em uma solução para minha situação financeira. Em sua opinião, deveríamos entrar em contato com todos os credores e marcar uma reunião para quando eu saísse do hospital.

Pensei que o acidente fosse despertar simpatia, mas, para minha surpresa, precisei enfrentar a resistência de alguns dos credores. Andando com dificuldade, usando um colete para manter a postura e com o braço direito imobilizado, eu mais parecia um personagem de desenho animado que acabara de sofrer um acidente, a diferença é que era tudo verdade. Embora solidários, os credores consideraram muito mais difícil, naquela situação, que eu honrasse meus compromissos. Assim, foram de opinião que eu deveria solicitar falência imediatamente. Fiquei chocado. Como podiam fazer aquilo comigo?

Comecei a me aborrecer de verdade. Disse a eles que tinha acabado de sair de um pesadelo e não ia desistir. Foi quando lancei mão de meus recursos de palestrante motivacional. Em uma fala apaixonada, pedi que me dessem o fim de semana para levantar fundos e acalmar as preocupações deles. A reunião foi adiada para a semana seguinte.

Eu sabia que precisaria tomar mais dinheiro emprestado para demonstrar aos credores minha boa-fé. Novamente, resolvi ver as coisas pelo lado positivo. Embora precisasse de uma quantia considerável, tinha a certeza de que, assim que voltasse a trabalhar, ganharia bem e pagaria minhas dívidas.

Nunca me faltou o apoio da família. Consegui dinheiro suficiente para ficar dois anos e meio à frente do calendário de pagamentos estabelecido no acordo. Os credores nada tinham a perder. Iam receber de uma vez só o que receberiam ao longo de dois anos. Ainda me lembro de sua expressão de surpresa quando viram que fui capaz de levantar em poucos dias uma soma tão elevada.

Pela experiência de vendas que tenho, sei que uma objeção significa necessidade de mais informação. Os credores queriam ter certeza de que eu não estava apenas adiando o inevitável, ou seja: pedindo prazo para, no fim, render-me à falência. O compromisso financeiro que assumi foi prova da minha seriedade e determinação.

Ficou então acertado um novo acordo, pelo qual eu teria cinco anos para saldar minhas dívidas, enquanto me recuperava física, emocional e financeiramente.

O que me deixou mais feliz foi quando um dos maiores credores me procurou no fim da reunião, disse que minha atitude tinha sido muito corajosa e que estava ansioso para ler sobre ela no meu próximo livro. Segundo ele, seria uma história útil para aqueles leitores que se sentem tentados a desistir de seus objetivos. Eles veriam que, com persistência, sairiam mais fortes da crise financeira.

Como o escritório onde fizemos a reunião ficava em frente ao Jardim Botânico, pude atravessar a rua e passear entre as plantas enquanto pensava na etapa seguinte. Não estava exatamente nas nuvens, mas sentia que a vida tinha voltado para um caminho que eu seguiria lenta e dolorosamente, mas com segurança.

Capítulo 5

CRISE É OPORTUNIDADE

NESTE CAPÍTULO

- De volta do precipício

Durante os estágios finais de um dos meus seminários – este para uma grande empresa da indústria farmacêutica – falei sobre as incríveis realizações de Oprah Winfrey, conhecida internacionalmente por seu programa The Oprah Winfrey Show. Falando para uma plateia predominantemente feminina, comentei como aquela mulher fora capaz de superar tantas adversidades até alcançar o sucesso atual.

Em um dos programas a que assisti, uma das pessoas da plateia perguntou a Oprah o que ela considerava como fator preponderante para seu sucesso. Consciente de que milhões de telespectadores nos quatro cantos do mundo ouviriam suas palavras, ela pensou e respondeu:

– Em uma palavra: adversidade.

Oprah disse que a razão para que alcançasse tanto partindo de tão pouco foram as dificuldades que teve de enfrentar desde muito cedo e pontuaram toda a sua vida.

As “dificuldades” a que ela se referiu são todos os reveses que superou, incluindo-se aí: o estupro aos 9 anos de idade, a expulsão de casa aos 13, o esforço para se impor ao cruel universo da televisão – uma mulher negra e acima do peso em um ambiente de rapazes bonitinhos. Essas são apenas algumas das dificuldades a que ela se referiu.

Um dos participantes do seminário sentado no fundo do auditório, não sabia daqueles fatos da vida de Oprah e ficou fascinado com o meu relato.

Steven – este era o nome dele – um australiano descendente de chineses, ofereceu-se para me levar ao aeroporto, já que partiríamos no mesmo voo para Melbourne. No caminho, ele comentou:

– Não sabia que a vida da Oprah tinha sido tão difícil.

Ele mesmo tivera uma vida de dificuldades. Falamos sobre como as adversidades podem se tornar uma força positiva e então Steven fez uma das declarações mais memoráveis que já ouvi sobre o assunto:

– Paul, sabe qual é o símbolo chinês para "crise"?

Percebendo que havia alguma intenção na pergunta, respondi:

– Claro que não, Steven, não faço a menor ideia. Não sou chinês!

Quando paramos em um sinal fechado, ele escreveu em um pedaço de papel o símbolo chinês correspondente à "crise" e me mostrou.

– Interessante. Mas não tem nenhum significado para mim.

– Em alguns segundos, vai fazer sentido – ele continuou.

– Por quê?

Steven me perguntou se eu conhecia o símbolo chinês para "oportunidade". Mais uma vez, respondi que não fazia a menor ideia. Quando paramos em outro sinal fechado, ele desenhou o símbolo para "oportunidade" ao lado daquele que tinha desenhado para "crise" e me mostrou. Tive a impressão de que havia algo errado: os símbolos eram idênticos.

– Mas o símbolo é o mesmo! – eu disse com surpresa.

– Exatamente. Há mais de dois mil anos, os chineses utilizam o mesmo símbolo para "crise" e para "oportunidade".

Em todas as fases difíceis pelas quais passei desde então, tenho pensado naqueles símbolos. Quantas vezes lamentamos que a vida não nos dê imediata e exatamente o que queremos! Ao mostrar a conexão entre os dois símbolos, Steven deixou clara toda uma atitude diante da vida. Se enfrentarmos a crise com coragem, tranquilidade e compreensão, conseguiremos transformá-la em uma grande oportunidade. Veja o caso de Oprah. Pense nos símbolos. Em chinês, trata-se simplesmente de uma mudança de atitude, porque crise e oportunidade são EXATAMENTE a mesma coisa.

DE VOLTA DO PRECIPÍCIO

Entre as histórias de sucesso diante da adversidade que conheço, uma das minhas preferidas foi contada por um dos telespectadores, das minhas aparições na TV, Grant Daish, que me escreve regularmente. A história, como muitas outras, envolve uma série de reveses e enganos. Grant quase sucumbiu ao peso de seus problemas. Na tentativa de afogar as tristezas, quase se afogou – até que aceitou e reverteu a situação. Por mérito próprio, Grant não afundou. Transformou os reveses e venceu a tristeza, para criar uma nova atitude, um novo trabalho e uma nova vida.

Grant contribuiu para este livro com uma bela história, fazendo questão de que fosse mencionado seu nome verdadeiro, porque, segundo disse, muita gente pensou que ele não conseguiria. A intenção dele não foi provar que é capaz, mas ajudar as pessoas a se sentirem inspiradas pelo que ele viveu.

A história de Grant começa por um acontecimento positivo: ele se apaixonou. Vamos ver o que escreveu:

Conheci uma moça e me apaixonei por ela. Namoramos por algum tempo e logo nos casamos. Naquele primeiro ano, tivemos nosso primeiro filho. Tudo ia muito bem e abri meu negócio – uma firma de serviços de bombeiro hidráulico – que fez sucesso imediato. Então, fiz uma sociedade com meu irmão e abrimos uma nova empresa, mas os negócios não foram tão bem. Um construtor deixou de pagar o que nos devia – 140 mil dólares – e daí começou uma bola de neve de prejuízos.

Com a deterioração de nossa situação financeira, minha mulher e eu começamos a brigar. Ela achava que eu tinha culpa, pois confiava demais nas pessoas e deixava que me enganassem. No fundo, eu sabia que ela estava certa. A família dela deixou de falar comigo, e foram muitas as noites em que dormi no sofá.

Para poupar os filhos – a esta altura, tínhamos dois –, optamos pela separação. Saí de casa levando apenas duas malas com roupas. Aquele foi um dos momentos mais difíceis da minha vida. Enquanto me afastava, meus dois filhos choravam e pediam: "Fique, papai, não vá embora!"

A casa e o meu carro tiveram de ser vendidos. Conservamos apenas o outro carro, para uso de minha mulher e das crianças.

Fui morar com meus pais, para ver se a distância ajudava. Pelas crianças, tentamos voltar algumas vezes, mas não deu certo. Acabou.

Depois disso, cheguei ao fundo do poço – e fiquei lá por dois anos. Comecei a beber. Fui despejado de três casas por falta de pagamento. Passei a tomar antidepressivos, mas pouco adiantou. Cheguei a tentar suicídio por três vezes. Em uma noite de domingo, liguei para a emergência buscando algum conforto no que pensei que fosse meu último minuto de vida. Enquanto falava, ocorreu-me a ideia de que nada mais tinha importância e desliguei. Os socorristas ligaram de volta e, enquanto falavam comigo, uma ambulância chegou à minha porta.

Depois de alguma conversa, fui levado ao hospital, onde recebi tratamento. Alguns amigos me acompanharam na volta para casa. "Nada vale a pena. Quase não vejo meus filhos. De que adianta continuar?", pensei.

Uns dois dias depois de deixar o hospital, recebi de minha mãe um livro com o título Você Pode!*, de um autor chamado Paul Hanna. Comecei a ler, embora sem esperança de que me servisse de alguma coisa. Ainda assim, continuei. À medida que avançava na leitura, ia se insinuando em minha mente a ideia de que talvez existisse uma saída. Sentia a presença de Deus. Li o livro três vezes. Em dois meses, estava livre da bebida, dos antidepressivos e via meus filhos regularmente: todas as noites de quinta-feira e no segundo fim de semana do mês.*

A leitura de Você Pode! *me fez olhar para mim mesmo e analisar meu modo de vida. As primeiras perguntas que me fiz foram: "O que quero da vida? O que me impede de conseguir?" Essas perguntas mexeram comigo. Com muita honestidade, estabeleci (e cumpri) algumas metas e me orgulhei do que consegui. Decidi que, se vale a pena viver, também vale a pena registrar o que acontece; então, a partir daquele dia, passei a escrever um diário.*

Hoje, convivo bem com os meninos. Temos o que se pode chamar de "tempo de qualidade entre pai e filhos". Eles se interessam por esportes e frequentemente pescamos ou pedalamos juntos.

Sei que a vida nem sempre é fácil, mas Paul me deu as ferramentas para assumir a responsabilidade pelos meus atos e encarar o mundo de frente. Com a autoestima em alta, consigo enfrentar e superar os reveses. Hoje, considero as dificuldades como recursos para uma aprendizagem que me será útil no futuro. Não vivo pelos padrões de ontem; tenho novos padrões, que uso como trampolim para o futuro.

Graças a Paul, estou vivo, com renovada autoconfiança. Moro em uma propriedade com bastante espaço para as crianças. Qualificado como consultor, participo de seminários e estou de bem com a vida. Pretendo montar um workshop para homens que tenham passado – ou estejam passando – por uma situação semelhante à minha.

Casei-me recentemente com uma bela moça que me ama e tem carinho pelos meus filhos. Agradeço a minha mãe e a Paul Hanna pela felicidade que sinto. Sem eles, provavelmente não estaria aqui contando esta história.

Que oportunidade representou a crise! Fico feliz por haver contribuído para o sucesso de Grant, mas a verdadeira motivação para a superação de seus problemas foram sua determinação, coragem e força de vontade. Às vezes, é preciso uma crise grave para nos fazer perceber que é hora de mudar. É importante lembrar que, mesmo na crise, sempre resta uma esperança. Esse fiapo de esperança é uma oportunidade à qual você deve se agarrar. Nos próximos capítulos, vamos ver algumas sugestões sobre como fazer isso.

CAPÍTULO 6

LUTANDO PELA RECUPERAÇÃO

NESTE CAPÍTULO

▪ Aceitando que errar é humano ▪ Em busca de um remédio ▪ Como desenvolver um espírito combativo

Um dos meus principais objetivos ao escrever este livro é oferecer sugestões para que o leitor volte a ser aquela pessoa dinâmica de antes da crise. Depois de um revés, é preciso lutar pela recuperação. A luta pode ser longa e árdua, mas existem marcos no percurso, além de atitudes e ações que podem ser adotadas para facilitar a caminhada.

ACEITANDO QUE ERRAR É HUMANO

Antes de empreender a luta pela recuperação, é preciso fazer uma análise franca e honesta de tudo o que lhe aconteceu. Veja o problema por vários ângulos. Descubra quais ações e pensamentos contribuíram para a evolução dos fatos. Para seguir em frente, é preciso fazer as pazes com o passado, no presente. Essa é a única maneira de não deixar que o passado determine o futuro. Mas não force demais!

No meu caso, foi muito importante saber onde errei. Somente então pude planejar a recuperação. De nada adianta fazer acusações, e o perdão é um dos melhores métodos de cura; no entanto, para aprender com os erros, é importante fazer uma retrospectiva cuidadosa e descobrir se alguma coisa poderia ter sido feita de outra maneira.

Em muitas situações, há um momento em que precisamos aceitar a parte de responsabilidade que nos cabe pelos acontecimentos. Talvez seja apenas o modo como nossas atitudes se combinaram ou entraram em choque com as de outra pessoa. No meu caso, o erro foi me manter concentrado na carreira e entregar a gestão das finanças a um consultor que não soube cuidar dos meus interesses. O trabalho de base, que levou ao surgimento de tantos problemas, foi feito por mim.

Recentemente, li uma matéria sobre a grande cantora norte-americana Mariah Carey. Na entrevista, ela comentava o abalo físico e mental que se sucedeu ao cancelamento de seu contrato com a Virgin Records. Fiquei surpreso com seu modo direto de falar e com sua capacidade de analisar os próprios erros. Dava para perceber que ela havia pensado longamente sobre as circunstâncias em que a garotinha solitária que ela tinha sido preparou o terreno para a cantora notável, rica em talento e determinação que um dia exigiu demais de si e sofreu um completo colapso. Mariah falou de seus sofrimentos e realizações. Considerei uma atitude corajosa de uma mulher conhecida pela ousadia. A entrevista me deixou a sensação de estar diante de alguém que, não importa quem tenha sido, o que tenha feito ou de onde tenha vindo, se conhecia e amadurecera na adversidade. Aquelas não eram apenas palavras ditas por uma das maiores cantoras do mundo, mas por uma mulher capaz de enfrentar e aceitar o sofrimento, o fracasso e a perda e, ainda assim, seguir adiante. Talvez as suas atuais dificuldades sejam muito diferentes daquelas enfrentadas por Mariah Carey, mas isso não anula o fato de que ela é um bom exemplo: conseguiu ser honesta consigo mesma, perceber claramente em que aspectos tinha contribuído para seus problemas, avaliar a situação, perdoar a si e aos outros e seguir em frente. Não me canso de dizer: ninguém está livre de errar. O que conta é a coragem e o modo de encarar o erro.

CHEGA!

Quem de nós não lembra um momento em que teve vontade de desistir, de jogar tudo para o alto? Talvez depois de uma discussão com a pessoa amada ou de um dia estressante de trabalho, talvez esses momentos tenham sido mais frequentes do que você gostaria. Quando tudo parece perdido, a análise da situação pode ser um bom meio de entender o problema. Uma vez descoberto o fator que desencadeia a crise, fica muito mais fácil se preparar e reagir adequadamente, em vez de jogar tudo para o alto logo de saída.

ESCREVA E JOGUE FORA

Entre as maneiras que conheço para analisar uma situação, uma das melhores é escrever. Esse é um processo simples, mas eficaz, que ajuda a dar perspectiva. Além disso, é extremamente útil quando se quer "fazer as pazes" com o que aconteceu. Ninguém precisa ler o que foi escrito, só você.

Assuma o compromisso de descrever o fato minuciosamente. Mencione os seus sentimentos e o modo como eles influenciaram a situação. Anote todos os detalhes que puder lembrar.

Esse método, além de esclarecer os acontecimentos e suas consequências – e quando estamos dentro do problema, às vezes lutando pela própria sobrevivência, tendemos a perder a perspectiva e reagir instintivamente, o que pode piorar a situação –, ajuda a liberar e trabalhar os sentimentos.

Quando tiver a certeza de ter registrado tudo no papel com o máximo de franqueza, jogue fora. Isso mesmo: jogue fora. Ou então faça uma cerimônia de cremação. Depois disso, siga em frente! Esse é um processo especialmente útil em momentos de tristeza. (Veja o capítulo 8.)

EM BUSCA DE UM REMÉDIO

Meus momentos mais complicados, em sua maioria, estiveram ligados à vida profissional: fazer contato, despertar interesse e tratar de todos os detalhes pertinentes à carreira que escolhi. Isso não quer dizer que não tenha havido percalços em outros aspectos da vida. O falecimento do meu pai, quando eu tinha apenas 14 anos, época em que era bastante vulnerável e impressionável, foi um dos acontecimentos mais significativos, pois me obrigou a enfrentar a realidade da morte.

A vida daí por diante também nem sempre foi um mar de rosas. Alguns dos obstáculos que considerei mais difíceis de superar foram a negatividade e a falta de respeito demonstradas por algumas pessoas em relação a mim no início da carreira. Quando olho para trás, porém, percebo que inconscientemente criei um ambiente propício àquele tipo de reação. Antes de desejar que os outros me respeitassem e fossem positivos, eu mesmo devia agir dessa forma.

Vou contar um caso memorável que me aconteceu. Diria que foi um evento "terapêutico", pois me fez mudar para melhor. Estava no início da carreira de palestrante, quando a situação financeira era precária e o dinheiro cuidadosamente controlado. Tendo feito alguns trabalhos para uma grande franquia de revendedores de automóveis, recebi a sugestão de entrar em contato com o dono da concessionária. No fim de uma reunião bem-sucedida, ficou combinado que eu faria cinco seminários para a equipe dele cuja a confirmação dependeria do pagamento integral adiantado.

Passei a adotar esse esquema depois me desapontar com certos clientes: alguns ficaram de pagar no fim e o fizeram em suaves prestações mensais ou simplesmente não se manifestaram mais, outros depositaram 10% do total para, mais tarde, cancelar o evento.

Quando apresentei minhas condições, o dono da concessionária ficou surpreso. Chegou a comentar que gostaria de ver o pessoal de sua equipe agir tão diretamente quanto eu na hora de receber pelos produtos vendidos. Que eu voltasse lá na quinta-feira, e o dinheiro estaria disponível.

SINAL DE ALERTA

Por volta de 18h de quinta-feira, recebi um telefonema do "braço direito" do dono da concessionária - uma funcionária chamada Lillian, que era também controladora financeira. Lillian disse que falava em nome do dono da concessionária e que não gostaria de fazer o pagamento integral antes da realização dos seminários. Argumentei que tinha havido um acordo. Na Austrália e na Nova Zelândia, um acordo selado com um aperto de mão é um compromisso, reconhecido inclusive pelos tribunais.

Lillian disse que as questões financeiras eram todas de sua responsabilidade e se dispunha a pagar apenas 20% na manhã seguinte. O restante somente depois do seminário. Foi então que minha juventude e inexperiência me levaram a tomar uma decisão equivocada.

Em vez de "oferecer uma saída ao inimigo" (*A Arte da Guerra*, Sun Tzu), tentando conseguir algo além dos 20%, agarrei-me à ideia do acordo e insisti no que havia sido combinado. Pensei estar fazendo a coisa certa, mas hoje entendo que deveria ter negociado.

Ela, então, prometeu voltar a conversar com o dono da concessionária, de modo que tudo estivesse resolvido quando eu chegasse ao seu escritório na quinta-feira. Desliguei o telefone com uma sensação de desconfiança de que algo ia dar errado. Como se pode imaginar, passei a noite acordado, inquieto, pensando em como poderia ter conduzido a conversa de outro modo. De manhã, resolvi sair de casa bem cedo, para me antecipar ao tráfego intenso.

Aquele trabalho era importantíssimo para mim. Como disse anteriormente, estava em início de carreira e já havia perdido vários clientes por não saber negociar. Com o banco me pressionando, tinha prometido ao gerente acertar as contas com o dinheiro que esperava ganhar.

Devido à incerteza criada pelo telefonema da noite anterior, decidi transferir as ligações recebidas pelo telefone celular para a linha residencial – para o caso de o dono da concessionária tentar um contato. Para meu horror, o telefone tocou exatamente às 7h30min, quando me preparava para sair de casa. Era "ele". Sem qualquer hesitação, disse que, depois de trocar ideias com Lillian, tinha preferido cancelar os seminários por enquanto. Talvez me chamasse, mais para o fim do ano. Eu, que pensava ouvir um pedido de parcelamento, tive a desagradável surpresa de ver o evento cancelado.

UMA LIÇÃO DOLOROSA

Por vários aspectos, aquela foi uma grande lição, apesar de dolorosa. Embora tenha passado as vinte e quatro horas seguintes ao telefonema digerindo a raiva, logo percebi que deveria analisar o acontecido, verificando o quanto minha atitude tinha contribuído para o desfecho. Não haveria, porém, qualquer utilidade me culpar, a solução era aprender com o erro cometido e seguir adiante. A partir de então, passei a tomar certos cuidados ao combinar um trabalho, inclusive o de registrar por escrito o compromisso de pagamento integral adiantado. Não voltaria a cometer o mesmo erro.

Com a experiência que tenho hoje, sei que deveria ter conduzido a questão diferentemente. Mas também sei que, com a experiência que tenho hoje, jamais deixaria que as coisas chegassem ao ponto de ter que "aprender uma nova lição".

A situação vivida me deixou marcas. Vou lembrar sempre o que é se sentir pressionado, sem ter para onde fugir. E jamais vou esquecer a atitude do gerente do banco, quando comuniquei que não poderia pagar o que devia. Essa foi outra parte dolorosa do processo, mas de toda situação é possível tirar algo positivo.

TUDO ADIANTADO OU NADA

Desde então, foram muitas as vezes em que houve alterações de programação ou de data depois de efetuado o pagamento pelo meu trabalho. Mas a diferença é enorme. Quando o cliente precisa cancelar ou adiar um evento pelo qual já pagou, a atitude dele é muito diferente.

Atualmente, trabalho apenas com empresários experientes. No início, tratava com pessoal que nem sempre tinha a decisão final. Além disso, eu era novo no ramo. Agora, aprendi a lição: 100% adiantados ou não tem negócio.

Certa vez, um cliente pensou que eu não estivesse falando sério. Tínhamos fechado um acordo por escrito segundo o qual eu receberia o cheque referente ao pagamento integral em uma determinada data, embora as palestras estivessem marcadas para dali a seis meses. Na data combinada, eu me dirigi à recepção e pedi para falar com o meu contato. Segundo me disseram, ele havia saído e só voltaria no fim do dia. Fui procurar, então, o controlador, que estivera presente à reunião e sabia do dia e da hora marcados para a entrega do cheque.

Ele riu, e disse que eu deveria esperar na fila, como todos os outros, e ficou surpreso quando avisei que, se o cheque não chegasse às minhas mãos até o meio-dia, as datas seriam liberadas para outro cliente.

Na época, eu tinha a agenda cheia, e vinha sendo assim nos últimos quatro anos. A razão para isso foi que aprendi a olhar para trás. E nunca aceito desculpas quando se trata de receber pagamento adiantado.

Ao meio-dia, voltei à empresa, mas o cheque ainda não estava disponível. Pedi que ligassem para o controlador, que me dispensou com um "vai dar tudo certo, amigo", o que não funciona no mundo dos negócios. Então, fiz contato com outro cliente que havia demonstrado interesse nas mesmas datas. Ele aceitou e ainda reservou outros quatro dias. E, quando soube do acontecido em relação ao pagamento, chamou imediatamente o controlador e mandou preparar o cheque referente ao pagamento integral de um seminário que só aconteceria em seis meses. Em meia hora, eu entrava no banco, todo sorridente, para fazer o depósito.

E quanto à outra empresa? Os dirigentes me procuraram e pediram desculpas, mas não pude atendê-los.

COMO DESENVOLVER UM ESPÍRITO COMBATIVO

Brian, um bom amigo, sempre me apoiou – e eu a ele. Uma tarde, conversávamos sobre este livro, que eu estava quase terminando, e ele me disse uma coisa interessante: que sempre soube que me recuperaria rapidamente, porque as dificuldades tinham feito com que eu desenvolvesse um incrível espírito combativo. Na verdade, eu nunca tinha pensado sobre este aspecto. No entanto, acabei concordando: o espírito combativo foi uma característica que desenvolvi ao superar cada um dos desafios que a vida me impôs.

Se o desânimo tomar conta de você e a recuperação parecer impossível, saiba que existem atitudes simples, mas importantes, capazes de criar confiança e esperança, mesmo depois dos acontecimentos mais desagradáveis.

CUIDADO COM QUEM INSISTE EM APONTAR OS SEUS ERROS

Um dos meios mais fáceis de entrar em um estado de desânimo é ter alguém por perto falando constantemente nos problemas pelos quais você está passando. No auge da crise, enquanto você planeja os passos que vai dar em seguida, é bom ouvir outra opinião. E os comentários de parentes e amigos também podem ser úteis, pois eles se preocupam genuinamente. Existe gente, no entanto, que parece gostar de ver os outros "por baixo" e não perde uma oportunidade de apontar as falhas alheias.

E se alguém ficar repetidamente comentando os seus erros? Diga que todo mundo erra, que já deixou o problema para trás e que se surpreende com tanto interesse. Se possível, evite o contato com essa pessoa. Procure se cercar de gente que esquece os erros do passado e se concentra no futuro.

PRESTE ATENÇÃO NO POSITIVO, FUJA DO NEGATIVO

Somente depois de atravessar tempos difíceis, percebi o quanto não ouvia o que as pessoas dizem. Eu pensava prestar atenção, mas só comecei a fazê-lo realmente quando as coisas desandaram. Quando meus problemas financeiros vieram à tona, ouvi palavras que me atingiram duramente.

Sei que sou um lutador. Sei que sou persistente. Acho que é isso o que as pessoas apreciam em mim. No começo da minha carreira de palestrante, recebi apoio e estímulo e, por diversas vezes, pude constatar a força das mensagens positivas.

Jamais esquecerei o que ouvi do porteiro de um hotel cinco estrelas de Sydney. Quando cheguei de táxi para uma sessão de consultoria com um cliente, ele disse:

– Sr. Hanna, todos estão comentando a sua coragem, e dizem que vão comprar o seu livro, *Você Pode!*.

"Que loucura!", pensei. "Por que alguém compraria um livro cujo autor tem problemas financeiros e emocionais?"

Quando pensei melhor sobre o assunto, porém, aprendi uma lição importante: as pessoas passaram a dar MAIS valor ao meu livro depois que souberam dos problemas pelos quais passei.

Recebi aquela mensagem positiva inúmeras vezes, aonde quer que fosse. Todos diziam que, por ter enfrentado a adversidade, eu demonstrara aplicar as ideias que prego. Muitos se disseram inspirados ao me ver diante de uma plateia depois de cometer erros, enfrentar meus demônios e conseguir a superação. Outros afirmaram que, antes do drama pelo qual passei, me achavam um sujeito interessante que levava uma boa vida e havia esquecido suas origens – a classe operária dos bairros afastados na zona oeste de Sydney.

Não acredito, do fundo do coração, que tenha me esquecido de onde vim, mas às vezes, ao nos verem com um alto padrão de vida, as pessoas pensam que perdemos contato com a realidade. E, de certo modo, acho que perdi, sim.

Em minhas épocas de crise, encontrei muita gente positiva e encorajadora, mas também encontrei gente cruel. Alguns me disseram para ler meus livros, enquanto outros perguntaram por que deixei que dirigissem minha vida. Mais tarde, pensando no assunto, percebi que, ao enfiar a cabeça na areia e abrir mão de decidir meu futuro financeiro, tinha deixado de aceitar e seguir minha mensagem.

Havia também aqueles que pareciam satisfeitos com o meu fracasso. Estes me aconselhavam a aceitar falência, abandonar a carreira e ir morar em outro país. Embora fossem aparentemente solidários, tratava-se do que em alemão tem o nome de *schadenfreude* – sentir prazer com a infelicidade alheia. Hoje, percebo que, financeira ou profissionalmente, eu "fazia sombra" àquelas pessoas. Elas aproveitaram a oportunidade para assumir o papel de "motivadores" e me levar a desistir de vez. Até entendo que alguns optem pela falência; mas, para mim, não é uma opção viável. Com a reputação arruinada, jamais poderia reassumir minhas atividades.

Cheguei a ouvir comentários como: "você sabe que nunca mais vai dirigir um Bentley, não é?" ou "vai ter de deixar de frequentar restaurantes caros". Tanta insensibilidade me fazia mal. Afinal, eu gostava muito do meu Bentley e detestava ter de abrir mão dele, mas minha verdadeira essência não estava no carro.

Felizmente, cheguei à conclusão de que aqueles comentários negativos não me adiantavam de nada. Eles me prendiam aos erros do passado, em vez de apontar o futuro. Seria muito melhor me deixar inspirar pelos comentários positivos e me concentrar nas coisas boas.

NÃO FALE DOS SEUS PROBLEMAS PARA QUALQUER UM

As pessoas sentem atração pela desgraça dos outros, e alguns programas de televisão exploram esse fato. Por exemplo: aqueles vídeos em que as pessoas levam tombos ou ficam em situação embaraçosa. Quantas vezes você já riu ao ver um homem ser atingido entre as pernas pelo filho de 2 anos? Também as novelas são a prova de que todos gostamos de um bom mexerico e de histórias que nos garantam um pouco de escapismo, fantasia e escândalo. Veja como vendem as revistas de "fofoca", quando anunciam a história de um artista que esteja atravessando tempos difíceis. Todos querem ser milionários, de preferência antes dos outros!

Agora que você já sabe disso, pense se as suas atitudes dão àqueles com quem se relaciona razões para que o vejam com uma pessoa vencedora ou perdedora. Você fala de si de um modo positivo ou está sempre reclamando que as coisas vão mal? Observe em que tom fala de si, porque disso depende o modo como os outros o tratarão. Em tempos difíceis, principalmente, temos a tendência de "descarregar" o que nos incomoda. Atualmente, porém, sou muito mais cuidadoso com o que transmito a meu respeito e com o uso que faço de meu tempo e minha energia, procurando sempre passar uma imagem positiva.

Outro grande benefício desse cuidado é o foco nos aspectos positivos acerca de si. Quanto mais claro e definido o foco, mais provável que os objetivos sejam atingidos.

LEMBRE-SE: O FRACASSO É UMA CURVA DE APRENDIZAGEM

Em 60 Minutes, o campeão de golfe Greg Norman afirma que aprendeu mais com seus fracassos do que com seus sucessos. Muitos ainda se lembram de vê-lo cair no solo depois de errar uma tacada em uma partida decisiva em Augusta, 1996. Acredito que esteja aí uma das razões pelas quais nos sentimos ligados a ele. Por mais que ele seja famoso e esteja distante do grande público – em questão de conta bancária e de talento para o golfe –, a psique do povo australiano não assistiu indiferente ao erro dele. Desde então, ele tem sido obrigado a encarar o fracasso; primeiro, porque bilhões de pessoas o viram pela televisão; segundo, pelos milhares de pessoas que ainda se referem ao fato (exatamente como estou fazendo agora). A qualidade que nos aproxima de Greg Norman é sua humanidade. Apesar de seus aviões, barcos e alto padrão de vida, sabemos que é um ser humano comum, com os medos, as preocupações e a determinação de vencer que existem em todos nós.

O importante é a conclusão a que chegou Greg Norman: todo fracasso, seja em um torneio de golfe ou em qualquer outro aspecto da vida, é uma oportunidade de aprendizagem. No esporte, um fracasso costuma intensificar no atleta a determinação de se recuperar e alcançar a vitória. É assim que deve ser também na nossa vida profissional e pessoal.

QUANDO ELES DISSEREM QUEM SÃO, ACREDITE – DA PRIMEIRA VEZ!

Um dos momentos que mais me agradaram no programa de Oprah Winfrey foi vê-la gritar para a plateia: "Quando as pessoas disserem quem são, acredite da primeira vez!" Com essas palavras, Oprah quis lembrar que todos deixamos escapar sinais e pistas que indicam quem somos, o problema é que certos elementos nos impedem de enxergar. Quem nunca ouviu dizer que o amor é cego? Mas, às vezes, é o amor que nos deixa cegos.

Já perdi a conta das cartas que recebi com depoimentos de pessoas que entraram em relacionamentos profissionais "com estrelas nos olhos", certas de que alcançariam grande sucesso em seus empreendimentos. Como no relacionamento a dois, em que a vida em comum evidencia características que passaram despercebidas durante o namoro, situação semelhante acontece no mundo dos negócios.

A vida familiar também pode reservar suas surpresas. Todos gostamos de pensar que os parentes e amigos querem o nosso bem. Na maioria dos casos, é isso mesmo. Mas às vezes, assim como existe rivalidade entre irmãos, a realidade nem sempre é o que parece.

Quando alguém próximo – parente ou amigo – magoar você, é importante aprender com a experiência. Afaste-se de quem só lhe traz negatividade, as atitudes dessa pessoa estão dizendo em alto e bom som quem ela é.

VEJA UM FILME "PARA CIMA"

Sempre gostei de cinema. Para mim, é uma oportunidade de descer do palco, sentar na plateia e relaxar. Mas, como acontece com todo mundo, o que mais me agrada e atrai é o escapismo. Portanto, um filme pode ser um bom motivador. Cuidado, porém, se estiver em busca de motivação e de uma atitude positiva: não escolha um dramalhão ou vai se sentir ainda mais vulnerável. Se perdeu um ente querido ou terminou um longo relacionamento, o último filme que deve ver é *Titanic*, por exemplo. Apesar dos vários prêmios que recebeu (e de ser um dos meus favoritos), a cena em que Leonardo di Caprio desaparece na água para sempre não é nada animadora. Se estiver procurando algo "para cima", *Titanic* definitivamente não serve.

Em vez disso, procure um filme que traga inspiração e conforto. Pode ser uma comédia ou a história da luta por uma causa, como Erin Brockovich; ou um daqueles em que, no fim, o bem vence o mal. Lembra o que sentiu ao assistir *Sociedade dos Poetas Mortos* ou *Uma Linda Mulher?*

Ir ao cinema pode parecer bobagem, mas é incrível como um filme é capaz de tirar você da mesmice e inspirar a ação.

REVEJA AS SUAS METAS

Karen, uma conhecida consultora de mídia, me contou sua experiência com um divórcio complicado, em que houve acirrada disputa pela divisão de bens. Karen tinha o hábito de estabelecer metas com clareza, que escrevia e relia constantemente, conforme ensinaram todos os livros de autoajuda que lhe chegaram às mãos. Em meio à luta jurídica em torno da fatia do patrimônio a que julgava ter direito, ela acabou por perder de vista o que pretendia para o futuro. Isso é perfeitamente compreensível, já que Karen estava concentrada na resolução de um problema, mas, naquela situação, seria importantíssimo manter as metas em primeiro plano.

Em tempos de crise e instabilidade, não deixe de rever as suas metas regularmente. Isso irá lhe ajudar a manter o foco nas prioridades que podem mudar a cada dia. Passado o período de incerteza, é possível voltar às metas, a médio e longo prazos. Verifique quais objetivos estabelecidos no passado precisam de revisão ou reformulação.

Talvez seja o caso de descartá-los inteiramente e definir novos.

No capítulo 12, voltaremos a falar do assunto.

VOCÊ ESTÁ SE ENTREGANDO?

Disso eu entendo! Oprah Winfrey disse, em um de seus programas, que sabe quando está sucumbindo aos problemas, porque seu corpo dá sinais. Ela jamais aceitaria fazer um programa que não fosse o melhor, em matéria de convidados, inovação e conteúdo. Quando, porém, algo não vai bem, isso logo se traduz em aumento de peso.

Em meus seminários, frequentemente me refiro a Oprah e à sua determinação. Se temos alguma coisa em comum, certamente é a luta contra a balança. O incrível é que, ironicamente, toda vez que Oprah perde muito peso, a audiência do programa cai! Seria porque o público sente enfraquecer a única ligação que percebe com aquela estrela bilionária da televisão? Quando veem Oprah acima do peso, as senhoras gordinhas travam um diálogo interno do tipo "se ela está bem assim, também estou". E, ainda que o problema do telespectador não seja a balança, ele transfere a luta para a situação difícil pela qual está passando, seja financeira ou afetiva.

No fim das contas, assim como Oprah fez tantas vezes, precisamos dizer "basta!" e tomar uma providência. Sem entrar em detalhes sobre a fórmula da definição de metas – o que faremos no capítulo 12 –, quero que você escolha AGORA uma tarefa fácil, que tenha a certeza de poder cumprir. Pode ser, por exemplo, comprometer-se a fazer a barba diariamente (esta é para os rapazes, claro!), sem falhar um dia sequer. Outra tarefa simples é fazer todo dia uma caminhada de 20 minutos. A princípio, pode parecer difícil, dadas as muitas atribuições que todos temos: levar as crianças à escola, fazer compras, preparar o jantar, etc. Antes de descartar a ideia, porém, pense um pouco. Tudo o que tem a fazer para conseguir 20 minutos livres por dia é deixar de assistir a um programa de televisão, cuja duração média é de 30 minutos – ou 33, incluindo o intervalo comercial. Consulte a programação, veja de qual pode abrir mão e aproveite o tempo para uma caminhada. Leve as crianças, o cachorro, um amigo – o importante é adquirir o hábito.

Ao se cuidar, você estará provando a si e aos outros que valoriza a saúde e a aparência, o que é uma mensagem positiva. Além disso, aumentará a capacidade física e mental para superar as adversidades.

TRANSFORMAÇÃO DENTRO DO ORÇAMENTO

Entre os muitos reality shows apresentados na televisão atualmente, fazem muito sucesso aqueles que apresentam transformações rápidas e radicais na aparência das pessoas. Você não precisa chegar a extremos, mas um meio simples de "melhorar o visual" é fazer uma pequena transformação.

Quando sentir vontade de mudar, que tal uma visita ao cabeleireiro? Nunca vou esquecer do dia em que, chegando cedo ao salão, peguei uma revista para passar o tempo. O profissional cortava os cabelos de uma bonita loura de uns 30 anos, mais ou menos, deixando-os na altura dos ombros. Quando chegou a minha vez, comentei com Mário, o cabeleireiro, como a moça havia ficado bem com os cabelos mais curtos e quis saber se havia algum motivo especial para o corte. Ele me contou que a inspiração fora Delta Goodrem, uma jovem e famosa cantora australiana que descobrira recentemente ser portadora de câncer. Tendo perdido os cabelos por causa da quimioterapia, ela compareceu à festa de entrega do Aria Awards de 2003 elegantíssima, usando uma bela peruca. Como queria um penteado igual ao de Delta, a loura levara para Mário uma revista com a foto da cantora na capa. E, pelo modo como saiu, via-se que tinha ficado muito satisfeita com o resultado.

Mas você não precisa se limitar ao corte de cabelo. Que tal comprar uma ou duas roupas novas? A sua pele precisa de um trato? As suas costas andam sentindo falta de uma boa massagem? Tudo isso pode dar novo ânimo ao corpo e à mente, predispondo você à luta pela superação das dificuldades.

RECUPERANDO O PRAZER

Quando penso nas fases de vida em que tive mais dificuldade para reagir, percebo que coincidem com as épocas em que deixei de lado o prazer. Eu geralmente cortava atividades prazerosas, como ir ao cinema ou, no verão, à praia. No entanto, é justamente nos momentos difíceis que mais precisamos do incentivo que vem do prazer.

Logo que saí do hospital, depois do acidente, não tinha a menor vontade de ir ao cinema. Procurar vaga para estacionar e subir escadas eram tarefas que não me atraíam nem um pouco. Mas as coisas mudam quando se tem um bom círculo de amizade que não aceita um "não" como resposta.

Certa noite, alguns dos meus amigos vieram a minha casa dispostos a me carregar para o cinema. Ao ouvir meus protestos, um deles argumentou:

– Paul, eu li o seu livro *Você pode!*, e aprendi com ele que uma objeção indica apenas que há necessidade de mais informação. Portanto, qual é o problema?

Quando falei da dificuldade de estacionar, outro acrescentou que sempre tivera vontade de deixar o carro nas vagas para deficientes, e aquela seria uma ótima oportunidade de fazê-lo sem sentir-se culpado! Quando mencionei as escadas, eles garantiram que me levariam no colo. Eu me senti muito bem ao ver que faziam questão da minha companhia, e esta é a moral da história. Quando consegue envolver outras pessoas, você faz coisas que, provavelmente, jamais faria sozinho. Aliás, é esta a ideia de voluntariado.

TOME ALGUMAS RESOLUÇÕES DE ANO NOVO – MESMO QUE ESTEJA EM AGOSTO!

A véspera do ano-novo é o meu dia preferido. Como adulto, espero a data com a mesma ansiedade com que esperava o dia de Natal, quando era criança. Para mim, a véspera de ano-novo é cheia de esperança. Sente-se no ar a animação, quando as pessoas se encaminham ao local que escolheram para comemorar.

Costumo fazer uma festa cuja parte que mais me agrada é aquela em que discutimos nossos sonhos e esperanças para o ano que começa. Gosto especialmente quando vejo que as metas estabelecidas para o ano que termina foram alcançadas ou até superadas!

Existem também aqueles que dizem esperar que o novo ano seja melhor do que o anterior, mas não fazem planos para que isso aconteça. Estes, geralmente, tomam aquelas resoluções previsíveis, como perder peso ou conseguir um emprego melhor, mas se vê que não pensaram realmente no assunto. Em geral, são eles que, ano após ano, contam as mesmas histórias.

Se você sofreu um revés no ano que termina, a véspera de ano-novo é uma ocasião excelente para começar a recuperação. Analise os acontecimentos, veja o que deu errado e estabeleça metas para o futuro. E, se estiver em qualquer mês que não seja dezembro, não espere o ano-novo para definir metas; finja que a próxima sexta-feira é o último dia do ano e, à meia-noite, se concentre-se nas metas que pretende alcançar. Aqui estão algumas sugestões para começar bem.

FAÇA UM INVENTÁRIO

Em quase todas as lojas de departamentos, o balanço é um evento regular. É com base no resultado que os responsáveis decidem quais produtos devem comprar mais, quais devem comprar menos e quais devem ser devolvidos ao fabricante, por não terem feito o sucesso esperado.

Quando chegar o seu dia especial de véspera de ano-novo, pegue uma folha de papel em branco e divida em três colunas. Na primeira, escreva AUMENTAR, na segunda, DIMINUIR e na terceira, ABANDONAR. Na primeira, anote coisas como "tempo com as crianças" ou "saídas com XXXX (o companheiro[a])". Na coluna do meio, anote o que você deveria deixar de fazer, mas sabe que precisa de tempo, como "tempo com Mike", "horas extras no trabalho" ou "consumo de bebida/chocolate/cigarro".

A última coluna é muito importante, porque contém o que você vai deixar de fazer daquele momento em diante, por maiores que sejam as tentações. É aí que vão ficar decisões como "lamúrias acerca de um relacionamento que terminou", "irredutibilidade nas discussões" ou "aprovação do papai para tudo".

A MELHOR VINGANÇA É VIVER BEM.

Não sei quantas vezes nos últimos três anos ouvi a frase "Paul, a melhor vingança é viver bem". Sei, por experiência própria, que quando guardamos sentimentos negativos em relação a alguém esses sentimentos vão conosco a toda parte, manifestando-se no tom de voz, nos olhos e na linguagem corporal.

Portanto, se você carrega algum ressentimento, é hora de se livrar dele. Não pelo bem de quem quer que seja, mas em seu próprio benefício! Certa vez, li um ditado, se não me engano da autoria de Confúcio, que dizia: "Quando atacar alguém por vingança, prepare duas covas."

O QUE VOCÊ REALMENTE GOSTARIA DE ALCANÇAR?

Exatamente como na véspera de ano-novo, preveja a realização de algo muito especial. Pode ser uma meta simples, como "tomar o café da manhã todos os sábados com a família", ou algo mais grandioso, como "dentro de um espaço de seis meses, passar quinze dias de férias nas ilhas Fiji". Nada desperta mais entusiasmo do que uma meta clara e bem definida.

Uma vez estabelecidas as pequenas metas, faça um exercício de avaliação, como está descrito no capítulo 12.

Capítulo 7

A CORAGEM DE TRANSCENDER O MEDO

NESTE CAPÍTULO

▪ Oferecendo ajuda ▪ Posso ser maior do que sou ▪ A doença me fez mais resistente ▪ De analógico a digital ▪ Posso cantar para você?

Existe um velho ditado que diz mais ou menos assim: Deus só nos manda o fardo que somos capazes de carregar. Algumas tarefas nos parecem muito difíceis, enquanto outras são consideradas mais fáceis. Há indivíduos que suportam provações que fariam a maioria ter vontade de ceder ou desistir. Mas existem seres corajosos e determinados cujas histórias nos mostram que é possível sobreviver e crescer mesmo diante da mais terrível adversidade.

Acredito que as histórias que vou contar sirvam de inspiração para você. É como disse um dos meus leitores: "O homem que não tinha sapatos se sentiu infeliz, até encontrar um que não tinha pés." Quando tomo conhecimento de alguma tragédia, percebo que meu sofrimento é relativo. Isso não cura nem resolve, mas ajuda a ver os pontos positivos.

É difícil imaginar a dor de perder um filho, uma perna ou a visão. Eu me arrepio ao pensar em como deve ser difícil ouvir um diagnóstico de câncer em estágio avançado. Esses não são apenas problemas sérios, são acontecimentos que mudam o curso de toda uma vida. Como as pessoas conseguem se recuperar de tragédias como essas? Conheço muitas histórias que demonstram: mesmo um sofrimento muito intenso, quando examinado cuidadosamente, apresenta um lado positivo.

O que aprendi com essas histórias e com os acontecimentos devastadores que me atingiram foi que a recuperação de um revés exige um grau incrível de coragem. Infelizmente, coragem não se aprende, vem de dentro. O que realmente ajuda a despertar a coragem que trazemos dentro de nós é o exemplo de pessoas que enfrentaram situações difíceis, transcenderam o sofrimento e saíram do outro lado.

OFERECENDO AJUDA

Cada indivíduo que se vê diante de uma tragédia procura um modo de enfrentá-la, mas todas as histórias de superação que conheço têm em comum a busca do aspecto positivo. Uma das maneiras de fazer isso é oferecer ajuda. Muitos desses indivíduos descrevem uma sensação de isolamento tal que parecem a ponto de sucumbir à dor. A "virada" acontece quando eles se convencem de que precisam fazer algo pelo outro. Somente assim transformam o sofrimento em compaixão e desejo de ajudar os mais vulneráveis.

Depois de um seminário na Gold Coast, em 2003, fui procurado por uma mulher que se disse especialmente tocada por minha ideia de que as dificuldades obrigam a mudanças positivas. Sua história é triste, mas inspiradora. Theresa teve uma filha com graves problemas cardíacos. Ela e o marido ficaram arrasados. A pequena Amanda era a primeira filha, e os dois tiveram de suportar a dor de vê-la passar por uma cirurgia apenas quinze dias depois de nascida.

– Meus sentimentos eram contraditórios – disse Theresa. Em um misto de raiva e tristeza, queria que ela ficasse comigo e ao mesmo tempo me sentia traída e a rejeitava. Meu marido, Andrew, e eu estávamos tão chocados e sofridos que nem nos falávamos.

Embora a gravidez tivesse corrido normalmente, com dieta e exercícios cuidadosos, Theresa se culpava. A bebê Amanda, a despeito de várias cirurgias e de toda a atenção, morreu aos três meses de idade.

– Andrew e eu ficamos destruídos. Não conseguia fazer coisa alguma. No mesmo dia, passava por momentos de apatia, raiva, choro e desespero. Nosso relacionamento ficou prejudicado – ela contou.

Depois daqueles meses de ansiedade em que viram a filha definhar e morrer, Theresa e Andrew viveram meses de tristeza, o que os afastou um do outro e do mundo. No fim de um ano, o peso dos acontecimentos tinha minado o relacionamento. Eles se separaram.

– Foi somente então que percebi que nós dois estavamos no fundo do poço. E foi quando saí em busca de ajuda – disse Theresa.

Theresa simplesmente não conseguia suportar a ideia de perder, além da filha, o marido.

– E, se não encontrasse um meio de superar o sofrimento, acabaria perdendo meu futuro – ela continuou.

Vencida a resistência de Andrew, os dois procuraram um terapeuta e, com a ajuda dele, conseguiram enfrentar juntos a dor da perda. Ao mesmo tempo, Theresa se obrigou a voltar ao hospital onde Amanda tinha morrido.

– Voltei lá e iniciei um trabalho voluntário de ajuda aos pais de crianças doentes e às enfermeiras no cuidado de bebês com problemas. Aquele foi o único meio de compreender a morte de Amanda. Hoje, com o distanciamento e alguma felicidade, sei que nunca vou me recuperar, mas posso usar o sofrimento de maneira mais positiva.

A boa notícia é que Theresa e Andrew sobreviveram e reataram o casamento. Tiveram a coragem de enfrentar novamente a gravidez – duas vezes, aliás. Agora, têm dois meninos saudáveis. Theresa retomou as atividades de consultora e continua a trabalhar algumas horas por semana como voluntária em vários hospitais que tratam de crianças gravemente enfermas, dando atenção especial aos pais.

– É angustiante. Às vezes, chego a me perguntar por que faço isso, já que sou obrigada a reviver a dor que sofri. Mas continuo, porque creio que a curta vida de Amanda teve um propósito. Posso ajudar outras pessoas. E sinto que, assim como recebi apoio quando precisei, posso retribuir isso agora, apoiando quem precisa – ela explicou.

Em geral, a disposição de ajudar leva à generosidade. Muita gente que perdeu um ente querido – um filho, em especial – encontra no serviço à comunidade um meio de mostrar que aquela vida não será esquecida. Esse trabalho pode resultar em uma fundação, um festival ou um parque para comunidade. É como se a energia positiva daquele que se foi voltasse em benefício de outras pessoas.

QUERO SER MAIOR DO QUE SOU

Aqueles que passam por uma situação em que têm a vida ameaçada por uma doença grave também costumam responder buscando ajudar a quem precisa. E muitos vão além: deixam um legado que permanece mesmo depois de sua morte.

Um exemplo disso é Stephen, um jovem cliente que não conseguia se conformar com a morte da irmã, Sarah, dois anos antes, de câncer. A moça tinha apenas 22 anos e teve o ovário atacado por uma forma muito agressiva da doença. Stephen e eu conversamos sobre a falta de motivação dele, que ele atribuía à incapacidade de superar a perda da irmã. Stephen era um ótimo estudante, mas fracassara nos exames, para a área de arquitetura, escolhida por ele nos dois semestres anteriores. Embora compreendessem a fase difícil pela qual passava, pais e professores já estavam impacientes. Stephen corria o risco de, pelos problemas emocionais, arruinar a carreira e talvez a vida.

Durante nossas conversas, percebi que Sarah teve uma atitude muito mais positiva diante da morte do que o irmão. Com a ajuda do pai, um conhecido advogado, ela tinha feito contato com investidores e pessoas interessadas em ajudar e criou um fundo de apoio a pacientes com câncer e suas famílias. A verba foi empregada na compra de uma casa em um bairro de Sydney, com uma bela vista para o porto, que passou a ser usada como apoio para aqueles que estavam em tratamento. Lá, podiam contar com o carinho dos parentes e o cuidado de serviços de enfermagem dia e noite. Sarah quis, assim, ajudar àqueles que vinham de outras cidades buscar tratamento em Sydney. Foi o modo que encontrou de amenizar o isolamento físico e emocional causado pela doença. Segundo ela mesma disse, aquela era sua maneira de "fazer a própria vida maior do que era".

Stephen, por seu lado, não encontrou um meio de superar a tristeza, precisava desesperadamente de orientação e motivação. Depois de discutirmos a situação por vários ângulos, reparei que ele sempre se referia ao comentário da irmã acerca de fazer a vida maior. Essencialmente, ele queria que a tristeza dele valesse mais. Queria, de alguma forma, celebrar a vida de Sarah. Disse a ele que pensasse no assunto e retornasse em uma semana com uma ideia bem formulada.

Na semana seguinte, ele voltou decidido. Iria interromper os estudos por um ano, período em que percorreria a Austrália de bicicleta, recolhendo doações para pesquisas de câncer. Stephen tinha experiência em ciclismo e caminhadas; a ideia fazia sentido, portanto. Discutimos os aspectos práticos da empreitada e ficou claro que ele havia planejado tudo cuidadosamente. Combinei que o acompanharia quando fosse apresentar o projeto aos pais e professores. Todos concordaram que aquela era uma ideia útil e oportuna – desde que Stephen definisse suas metas com clareza e abrangência, comprometendo-se a cumpri-las. Juntos, percorremos o processo de estabelecimento de metas (veja o capítulo 12) e ele partiu.

Voltou em um ano "sentindo-se um herói", conforme ele mesmo disse. Conseguira levantar 15 mil dólares para pesquisas sobre o câncer. Tinha crescido de muitas maneiras naquele período.

– Agora, sinto que deixei Sarah orgulhosa. Vou continuar a sentir a falta dela, mas consegui transformar a tristeza que sua morte me causou em um evento positivo.

A DOENÇA ME FEZ MAIS RESISTENTE

O espírito humano não para de me surpreender. Quanta coragem somos capazes de demonstrar diante da adversidade! Uma de minhas histórias favoritas é aquela de um cliente que sofre de esclerose múltipla, uma insidiosa doença neurológica que paralisa os membros – sem destruir a vida. Sempre que nos encontramos, Doug, esse é o nome dele, diz que a enfermidade lhe ensinou o significado de resistência e determinação.

– Mal posso esperar para ler o seu livro, PH! Não se esqueça de falar de mim! – ele disse em um de nossos encontros.

Como eu poderia esquecer? A história de Doug realmente expressa o espírito de *Não Desista! Você Pode!*, pois houve um momento em que ele desistiu. Mas então, decidiu mudar.

Doug era bem jovem quando recebeu o diagnóstico de esclerose múltipla. Hoje, ele percebe que na época não passava de um inconsequente.

– Eu não pensava além do dia seguinte. Tinha um emprego de controlador de bagagens no aeroporto de Sydney, e gastava quase todo o salário em diversão. Coisas de rapaz, sabe como é. Tinha um monte de garotas e nenhum compromisso. Aproveitava a vida sem pensar muito sobre nada– ele contou.

Foi quando, aos 23 anos, soube que tinha esclerose múltipla.

– Eu nunca tinha tido nenhuma doença, a não ser por algumas ressacas, claro. Foi um choque terrível.

No início, Doug fingiu que não era com ele. Ignorou. Intensificou a vida de farras. Mesmo quando o exercício do trabalho – que envolvia levantar peso – ficou difícil, continuou a fingir que nada estava errado. Durante dois anos, foi levando a doença pela simples recusa de reconhecer a existência dela. Em resumo: enfiou a cabeça na areia. Mas a esclerose múltipla estava lá.

A vida de Doug começou a sofrer alterações. Ele caía com frequência. Deixava que os objetos lhe escapassem das mãos. Às vezes, não sentia as solas dos pés – os nervos ficavam entorpecidos. Não conseguindo exercer suas funções no emprego nem cuidar de si, precisou voltar a viver com a mãe viúva, que ficou arrasada com a notícia da doença do filho.

– Foi quando fui obrigado a admitir que tinha esclerose múltipla. E me desestruturei.

Doug entrou em um "buraco negro". Segundo suas palavras, tornou-se egoísta, chorão, um chato. Não saía da cama, só assistia à televisão e comia, comia muito. Tornou-se desagradável, irritadiço e nada comunicativo. Descuidou-se da higiene pessoal. Sua mãe, sem saber o que fazer, via o filho ser destruído física e emocionalmente diante dela.

Eis que um dia o impensável aconteceu: a mãe de Doug adoeceu.

– Ela caiu no chão da cozinha e bateu com a cabeça na bancada.

Doug só percebeu que tinha alguma coisa errada quando abaixou o som da televisão, chamou a mãe, pediu mais pizza, e a mãe não respondeu. Ouvindo o som de água correndo, ele se levantou da cama com dificuldade e foi cambaleando até a sala, de onde pôde vê-la caída no chão da cozinha. "Agora, os dois estamos mal", ele pensou.

– A primeira coisa que pensei foi que teria que me mexer e chamar uma ambulância. Custei a chegar ao telefone e lembrar o número da emergência.

Quando a ambulância chegou, Doug foi informado que a mãe tivera um derrame.

– Sentado na beira da cama, pensei em como minha vida era patética. Percebi as dificuldades que teria para visitar minha mãe no hospital. Eu estava tão dependente que não poderia ir a nenhum lugar sem ajuda. Não passava de um saco grande, gordo e instável de autopiedade, que só conseguia ir de um canto para outro se fosse carregado.

Naquele momento, Doug decidiu mudar. Procurou adquirir o máximo de informação sobre a esclerose múltipla. Aprendeu que os sintomas vêm e vão e que as atitudes e o esforço do paciente são decisivos para enfrentar a doença. Então, se levantou da cama e andou. Chegou até mesmo a pegar um ônibus para visitar a mãe, ainda bastante doente, no hospital.

Mais ou menos na mesma época, Doug foi levado a um dos meus seminários em Perth por um amigo que tinha lido meus livros e acreditava que minhas ideias seriam úteis para ele. No fim da sessão, Doug me procurou. O que vi foi um homem obeso, aparentemente de meia-idade, o rosto balofo e a barba por fazer, caminhando com andar incerto na minha direção. Depois de conversarmos, concordei em termos algumas sessões individuais quando eu voltasse a Perk, algumas semanas mais tarde. Apesar da má aparência, percebi uma chama em seus olhos.

Quando voltei a Perk e reencontrei Doug, ele estava de barba feita, parecia mais magro e tinha um andar mais confiante. Somente então percebi que era jovem. Com a minha ajuda e orientação, além do apoio de outras pessoas próximas, Doug foi adquirindo força, ano a ano. Em nosso último encontro, ele comentou:

– A esclerose múltipla foi a melhor coisa que me aconteceu na vida. É verdade! É uma doença terrível, mas mata aos poucos. E eu, com aquela atitude, estava me matando rapidamente! Decidi que a única maneira de dar um jeito na vida seria agarrando o touro à unha. Além do mais, tenho que cuidar de minha mãe, ajudá-la a se recuperar. Agora, estou me formando em Technical and Further Education e vou dar aula para adolescentes, porque sei que o que tenho a oferecer é o dom de mostrar às pessoas como viver!

Tenho muita admiração por pessoas como Doug, corajosas e determinadas diante de circunstâncias terríveis. Espero que a história dele inspire você a encontrar força e tenacidade para enfrentar qualquer situação. Coragem não se ensina, mas sei que vive dentro de todos nós – e talvez você só a encontre quando estiver diante de circunstâncias difíceis.

DE ANALÓGICO A DIGITAL

Mesmo sendo um palestrante profissional voltado para a motivação, consigo ver um lado interessante na depressão. Prazer e depressão parecem as duas extremidades de um espectro – termos contraditórios. Na minha vida, porém, têm andado tão próximos que chega a assustar. Vou explicar por quê.

Jamais alguém me procurou depois de uma palestra para dizer que se sentiu tocado por meus conselhos financeiros ou histórias de sucesso. O que mais impressiona a plateia é minha vulnerabilidade como ser humano – o fato de eu partilhar tanto meus sucessos e alegrias quanto os fracassos e tristezas. Sempre falo de minhas experiências pessoais, algumas perturbadoras: de como perdi meu pai aos 14 anos, de como deixei a escola aos 16 e fui reprovado em inglês e de como comecei do zero até construir uma carreira que movimenta milhões de dólares.

Então, perdi tudo e precisei recomeçar.

Já fui pobre e já fui rico e – vamos combinar – ser rico é bem melhor. Não há por que se envergonhar de exercer todo o seu potencial. E aquilo que faço bem (inspirar grandes plateias) tem uma posição lucrativa na arena corporativa. Gosto das coisas boas da vida e sei que isso contribuiu para que eu escolhesse e desse impulso à carreira. Sempre procuro estar cercado do que há de melhor.

O fracasso e o grave revés que sofri, porém, transformaram a maneira como percebo os outros. Quando me vi em dificuldades financeiras, passei a enxergar a vida sob nova perspectiva. Fiquei mais sensível ao sofrimento alheio. Foi uma surpresa reconhecer o quanto eu era cego às necessidades de outros seres humanos, em especial aqueles pelos quais eu passava todos os dias em cidades grandes que visitava ou mesmo naquela que chamo de "lar": Sydney, na Austrália.

John Symond, um amigo meu, foi uma verdadeira fortaleza para mim, quando cheguei ao fundo do poço. Como eu, John é filho de imigrantes libaneses ligados ao comércio de frutas. Ele também tem paixão por carros de luxo. E também perdeu tudo – inclusive o casamento – antes de criar o bem-sucedido Aussie Group.

Em uma de nossa conversas, John disse algo que realmente me marcou: que perder tudo foi como "passar da televisão analógica à transmissão digital da Foxtel, que combina TV a cabo com satélite!" Segundo ele, vemos coisas que antes não víamos, como se estivéssemos ligados a mais 40 canais. Esse comentário caiu como uma luva: compreendi por que as vulnerabilidades alheias tinham ficado mais visíveis aos meus olhos.

POSSO CANTAR PARA VOCÊ?

Certo dia, quando eu começava a reassumir o controle da minha vida, decidi dar uma volta pelo setor comercial de Sydney para desanuviar a mente como preparação para uma viagem de negócios, na qual percorreria três estados em quatro dias. Na volta para casa, quando passava pelo setor comercial do centro da cidade, um homem maltrapilho, vestido de preto, olhou diretamente para mim e caminhou em minha direção. "O que é isso?", pensei. Então, ao chegar perto, ele perguntou se poderia cantar para mim.

– Não, obrigado – respondi, apressando o passo.

Enquanto me afastava, ouvi ao fundo sua voz nada ameaçadora, mas como quem pede desculpas por incomodar:

– Só preciso comer, amigo.

Pronto! O golpe me acertou em cheio.

Já ouvi muita gente falar de um momento de iluminação totalmente inesperado. Mas ninguém jamais tinha me tocado daquele jeito. Parei, virei para trás e olhei bem nos olhos dele, que me pareceram cheios de dor.

– Como vai? – perguntei.

– Mais ou menos.

– De quanto você precisa?

– De quanto o amigo puder dispor, obrigado.

Sem pensar, como se movido por uma força estranha, peguei na carteira uma nota de 100 dólares. Só tinha comigo 350 dólares, mas ponderei que o sujeito precisava muito mais do que eu.

Ele ficou absolutamente perplexo. Descrente, perguntou:

– Tem certeza?

– Tenho, sim – respondi.

Os olhos do homem se encheram de lágrimas. Ele não sabia o que dizer ou como agradecer. Fiz sinal de positivo e me afastei. De longe, ainda o ouvi dizer:

– Não acredito!

Enquanto andava, fui tomado por sentimentos contraditórios. Estava satisfeito por tê-lo ajudado. É uma sensação fantástica saber do impacto causado sobre a vida de outra pessoa. Ao mesmo tempo, comecei a perceber que 100 dólares fazem uma grande diferença quando só se tem 350 – que, agora, eram apenas 250! Então me lembrei de um espetáculo teatral a que assisti, cuja história girava em torno de uma doação milionária feita aos pobres anonimamente. O que mais me impressionou foi o final. Ao ser perguntada como sabia o quanto deveria doar, a esposa de um multimilionário deu uma resposta maravilhosa: "Não importa o seu nível de vida nem quanto você ganha. TEM QUE FAZER DIFERENÇA!" Agora, sei o que ela quis dizer.

De certa maneira, vejo essa história como um exemplo de como consegui encontrar coragem de ir além dos meus problemas para ajudar o outro. Aquele encontro me fez ver isso. Eu tinha feito uma grande diferença na vida daquele homem ao entregar a ele uma parte do meu dinheiro. Afastar o foco dos próprios problemas e ter a coragem de tomar a iniciativa de ajudar o outro é um modo seguro de ver a situação com novos olhos – e encontrar uma saída.

CAPÍTULO 8

SUPERANDO A TRISTEZA

NESTE CAPÍTULO

▪ Na tristeza cabem muitas emoções ▪ Os estágios da tristeza e da aceitação ▪ O choque ▪ Apagando do sistema o que é negativo ▪ Negando o acontecido ▪ Vamos fazer um acordo? ▪ Com raiva do mundo ▪ Um incidente no trânsito – lidando com a raiva ▪ "É tudo culpa minha" – lidando com a culpa ▪ Temos que nos permitir sentir tristeza ▪ A tristeza afeta a parte física ▪ Aceitando o fato de que as coisas mudaram ▪ Seguindo em frente ▪ Memorial do passado ▪ Quatro estações para lidar com a perda

Os reveses da vida envolvem perda. E a perda provoca tristeza. A tristeza é um sentimento. Procure se lembrar disso quando estiver em dificuldade. Os sentimentos mudam com o tempo. Às vezes, em meio à crise, é difícil enxergar o caminho da recuperação. O mais fácil é deixar a tristeza tomar conta. Mas, se lidarmos com a situação de modo construtivo, podemos crescer na tristeza.

Comparando a dor que senti quando perdi o meu pai na adolescência e a dor física resultante dos ferimentos que sofri no acidente, posso dizer que as duas se equivalem. Depois de cair de uma pedra e quebrar vários ossos, tenho autoridade para isso! Uma amiga minha garante que a tristeza é muito pior do que a dor do parto. Por que a tristeza é tão poderosa? Porque nos obriga a encarar a mortalidade, a insegurança, a solidão e a desesperança diante da adversidade. Tristes, ficamos vulneráveis. E sofremos.

NA TRISTEZA CABEM MUITAS EMOÇÕES

A tristeza é realmente uma combinação de várias emoções, o que pode tornar a situação ainda mais confusa. Entre elas estão melancolia, perplexidade, medo, frustração, arrependimento e raiva, que se podem transformar em desespero e culpa terríveis. Algumas pessoas ficam tão presas a uma emoção – os homens, por exemplo, costumam se prender à raiva – que não conseguem seguir adiante. A tristeza pode ser acompanhada de sintomas físicos, como cólicas, febre, dores, enxaqueca e, é claro, depressão. Os médicos relatam casos de pacientes que apresentam doenças misteriosas, a que chamam distúrbios psicossomáticos, ou seja, problemas associados a sentimentos poderosos e reprimidos. Em geral, isso acontece quando a tristeza não é tratada adequadamente. Esses pacientes adoecem de tristeza.

Para sair de um período difícil e retomar a vida, é preciso trabalhar a tristeza. É difícil perceber isso em meio ao sofrimento, mas os reveses e a tristeza podem ser uma valiosa experiência de crescimento.

Eles nos deixam mais fortes, focados, compassivos e positivos. De um modo estranho e paradoxal, a tristeza pode nos fazer mais generosos – mais abertos às emoções e às pessoas que nos cercam.

Eu me lembro de ver em 60 Minutes o momento de triunfo em que Pauline Hanson recuperou a liberdade. Conhecida em toda a Austrália e Ásia por defender o endurecimento das leis que tratam da prisão de criminosos, ela admitiu que, embora não pudesse dizer que ficar atrás das grades tenha sido uma experiência agradável, contribuiu definitivamente para o desenvolvimento de uma nova visão. Ela percebeu como é a vida "lá dentro" e que muitos, presos por equívoco, continuavam lá por não terem dinheiro suficiente para lutar por justiça. Essa história demonstra que, mesmo durante as piores crises, é possível encontrar um "tesouro", se estivermos dispostos a procurá-lo.

A tristeza nos põe em contato com a nossa fragilidade. Ao atravessar um período de tristeza, lembre-se do antigo ditado: O que não me mata me fortalece. Ou, como diz o escritor James van Praagh: "O único meio de evitar a tristeza é evitar a vida." E isso significa abrir mão do amor, da felicidade, da amizade e da família e não lutar pelo que quer que seja.

Ao lidar com a tristeza, é muito importante compreender e aceitar os vários estágios, porque, somente pela compreensão do que é preciso fazer, pode-se atravessar o túnel e sair do outro lado com mais sabedoria e otimismo. Não existem atalhos.

Um dos elementos decisivos para uma tristeza saudável, se é que podemos chamar assim, é a aceitação da perda. A perda pode ser dolorosa, como a morte de um ente querido, ou estar associada a outros acontecimentos traumáticos, como divórcio, desemprego, desentendimento com os filhos, afastamento dos amigos ou da família, incapacidade física ou envelhecimento. Para aceitar a perda, é preciso reconhecer que algo terminou e a vida mudou; em outras palavras: sentir que houve um encerramento. Tenho clientes que, muitos anos depois do evento, ainda guardam mágoas pelo fim de um casamento ou um insucesso nos negócios. Eles se recusam a deixar o passado, e a tristeza associada às lembranças acaba por definir todas as suas emoções. Sem o encerramento, não há libertação.

A perda faz parte da vida. Coisas ruins acontecem com pessoas boas. Pessoas boas cometem erros. Alguns acontecimentos simplesmente não fazem sentido. O mal existe. Todas essas afirmações são verdadeiras. Qual é o ponto em comum? Se queremos crescer, desenvolvendo e aproveitando todo o nosso potencial, precisamos lidar com a tristeza causada tanto por nossos erros e perdas como por fatos que fogem ao nosso controle. O ponto em comum não é o que aconteceu, mas a tristeza que daí resulta e o modo como lidamos com ela.

OS ESTÁGIOS DA TRISTEZA E DA ACEITAÇÃO

Muitos escritores exploraram a ideia de que a tristeza tem vários estágios – entre eles Elisabeth Kubler-Ross, a pioneira. Vou explicar esses estágios, para demonstrar como precisamos enfrentar a sensação de perda, qualquer que seja a causa. Tenha em mente que esses "estágios" são variáveis – você pode vivê-los todos ao mesmo tempo ou demorar mais em um deles. É impossível prever quanto tempo vai durar o processo, já que muitos fatores têm influência sobre ele. Caso sinta muita dificuldade em lidar com a tristeza, peça ajuda e apoio a um amigo, um parente ou um psicólogo.

É importante também lembrar que, se alguém procurar você com o intuito de falar sobre as próprias mágoas, tudo o que tem a fazer é ouvir simplesmente. Não julgue nem tente encontrar soluções. Ouça com atenção apenas.

O CHOQUE

O primeiro estágio da tristeza inclui o choque e a descrença. Como isso pode estar acontecendo? Como pode estar acontecendo comigo? Tal sentimento é especialmente intenso quando o acontecimento desagradável é repentino, inesperado, como a perda de um ente querido em um acidente de carro, o diagnóstico de uma doença fatal ou a descoberta de um caso extraconjugal em um casamento que parecia perfeito. O choque é comum em toda perda, porque é da natureza humana resistir a enfrentar o desconforto que a tristeza provoca.

Às vezes, como em uma empresa cujo lucro vem diminuindo ou um relacionamento que vem se deteriorando, por exemplo, a perda pode ser, de certo modo, pressentida, mas ativamente negada. Quando acontece o desfecho, é quase um alívio. É neste ponto que muita gente "desaba", pois o estresse de tentar ajeitar as coisas é substituído pelo estresse de enfrentar a fragmentação da vida. Nesse tipo de situação, o choque assume uma qualidade diferente, mas o efeito é o mesmo.

O trauma emocional nos deixa entorpecidos, inertes e apáticos. As tarefas mais simples parecem complicadas. Nós nos movimentamos automaticamente, sem prestar atenção ao que fazemos. O choque é, na verdade, um mecanismo de defesa do qual mente e corpo lançam mão para dar tempo ao indivíduo de entender o que acontece.

APAGANDO DO SISTEMA O QUE É NEGATIVO

Anotar e descrever as sensações provocadas pelo choque e pela descrença (assim como a raiva, de que vou tratar em breve) são atividades que ajudam muito a lidar com o problema. Foi o que fiz nos momentos cruciais da minha vida.

A primeira vez em que empreguei o método foi depois de um terrível incêndio nas matas ao redor de Sydney, em 1994. Na época, eu morava dentro do Ku-ring--gai Chase National Park, no bonito bairro de Cottage Point, a apenas quarenta minutos de distância do centro da cidade. O trajeto de ida e volta entre minha casa e o centro era maravilhoso, com a estrada serpenteando entre os pinheiros, que faziam daquela uma verdadeira floresta tropical. Às vezes, tinha que desviar de cangurus que atravessavam na frente do carro.

O que a maioria desconhece é que os incêndios de Sydney, em 1994, começaram, na verdade, em Cottage Point. Nas primeiras horas do ano-novo, um bêbado disparou para o ar um rojão, que caiu na mata. A faísca deu início a um incêndio que atingiu outras áreas do parque, alcançando depois Akuna Bay, Church Point, Bayview e, finalmente, Sydney. Eu já tinha visto helicópteros apagando incêndios, mas não podia imaginar a devastação que daí resulta. Como o parque ficou fechado, inclusive para moradores, fiquei hospedado durante uma semana no Newport Mirage Hotel e fazia visitas diárias a minha casa, usando uma embarcação, para ver se estava tudo em ordem. Cottage Point teve mais sorte do que outros bairros de Sydney, pois conta com brigada de incêndio própria, além de uma dedicada equipe de voluntários. E mais: os moradores de Cottage Point são incrivelmente solidários. Minha contribuição foi distribuir sanduíches e água para os voluntários. Era o mínimo que eu podia fazer.

Depois de cerca de uma semana de remoção de entulho e árvores caídas, o parque foi reaberto aos residentes e pudemos voltar para casa. Quando entrei, custei a crer no que meus olhos viam. Parecia a superfície lunar. Tudo enegrecido: árvores, placas de sinalização, grades ao longo da estrada – tudo. No interior do parque, a devastação era ainda mais impressionante. Tinham cangurus mortos por toda parte, pobres animais aprisionados pelas chamas. Deve ter sido uma verdadeira fornalha.

Chocado com tanta destruição, pensei em me mudar de lá. Aos poucos, porém, meu estado de espírito foi ficando mais positivo – porque passei meus sentimentos para o papel. Eu tinha lido em algum lugar que, quando você escreve sobre o que aconteceu e descreve os seus sentimentos, o processo de cura se inicia. Às vezes, nós nos deixamos oprimir pelos acontecimentos ruins, e a negatividade acaba se manifestando em forma de doença ou infelicidade.

A primeira providência que tomei, ao voltar para casa, foi anotar em um papel tudo o que eu apreciava em Cottage Point: isolamento, beleza, privacidade e os lindos riachos, famosos em todo o mundo. Escrevi também o que senti ao ver os danos causados ao parque. Foi então que percebi estar olhando o desastre por um ponto de vista altamente egoísta.

No dia seguinte, enquanto me dirigia ao centro da cidade, ouvi pelo rádio do carro um aborígine da região norte falando sobre como, para seu povo, água e fogo são igualmente importantes. Ele discorreu sobre o que acontece quando um incêndio atinge a mata australiana, explicando como a natureza está preparada para isso, já que as sementes caem ao solo, para dar origem a novas árvores. Eu não conseguia deixar de sentir pena dos animais mortos, mas o homem explicou que aquele também era um resultado positivo, porque o povo aborígine vê o fato como "uma limpeza da casa feita pela natureza" - somente os fortes sobrevivem. É brutal, eu sei, mas é a vida, e temos que aceitar.

Depois de ouvir aquele depoimento, decidi parar de lamentar o desastre. Em vez disso, procurei me concentrar no renascimento que ocorria, apenas duas semanas depois do incêndio.

Por que você não pega, agora mesmo, papel e caneta e escreve sobre o que o está deixando infeliz? Descreva minuciosamente os seus sentimentos e, em seguida, livre-se do papel. Jogue fora, sem mostrá-lo para ninguém. E pare de pensar no assunto.

Ao passar recentemente pelo parque, não pude deixar de notar como a mata está mais densa e verdejante do que antes do incêndio de 1994. Então, se a natureza faz isso pela flora, por que não faria o mesmo por mim ou por você, tanto no plano físico quanto mental?

Quando estava no hospital, em recuperação do acidente, fiz o mesmo exercício. Escrevi em um papel o quanto me sentia mal por estar hospitalizado, preso à cama, impossibilitado de qualquer movimento. Anotei também o quanto me preocupava o fato de minha situação financeira estar se agravando, já que ficaria algum tempo afastado do trabalho. Então, apagada a negatividade do sistema, pude me concentrar na situação de modo a sair dela mais forte – exatamente como a mata australiana!

NEGANDO O ACONTECIDO

A negação, em geral, vem com o estado de choque ou um pouco depois, como mais um mecanismo de defesa. A negação é extremamente poderosa; ela nos impede de perceber a realidade do que aconteceu, evitando o sentimento de tristeza. Muitas crianças vítimas de abusos, por exemplo, passam anos negando o sofrimento e reprimindo as lembranças.

É doloroso ver alguém em pleno mecanismo de negação. Certa vez, fui visitar uma cliente que tinha perdido recentemente um filho por overdose de drogas. Convencida de se tratar de um caso de troca de identidade (embora tivesse reconhecido o corpo), ela passava a ferro as roupas dele, para que encontrasse tudo em ordem ao voltar para casa.

A negação representa, essencialmente, um modo de fugir ao sentimento de perda e aos problemas causados pelos reveses. É a decisão de não aceitar. Frequentemente, é o resultado de nossa relutância em enfrentar o sofrimento, mas se alimenta da tendência de nossa sociedade de evitar emoções desagradáveis – entre elas, a tristeza.

Quando criança, você ouviu dizer que não se deve demonstrar tristeza, vulnerabilidade ou fraqueza? Você detestava chorar na frente dos colegas, para não ser alvo de chacota? Bem, pelo menos comigo foi assim e também com a maioria das pessoas que conheço. Enquanto sociedade, não sabemos lidar com a perda e a tristeza. Não sabemos lidar com a vulnerabilidade e a fraqueza – consideradas emoções comuns aos perdedores. E o fracasso nos faz sentir bastante desconfortáveis.

É muito fácil se prender à negação, já que vários fatores nos induzem a isso, inclusive o medo de sofrer. Ao evitar o sofrimento, porém, impedimos a cura, além de perdermos o contato com emoções agradáveis e positivas.

Muita gente que se prende à negação se torna dependente de álcool, cigarro e outras drogas ou até mesmo de comida (no meu caso, chocolate!). Isso acontece porque a dependência anestesia, bloqueando as emoções que ameaçam irromper, chegando à superfície. São muletas emocionais que nos impedem de sucumbir. Claro que muitos que se recusam a aceitar a dor bebem ou se drogam até começar a chorar, mas em geral esquecem o que fizeram. É uma catarse que só reforça o padrão de rejeição.

Além da dependência de certas substâncias, os negativistas crônicos podem enfrentar problemas como insônia, transtornos alimentares e dificuldades de relacionamento. Podem se tornar irritadiços, alheios e emocionalmente indiferentes. Sob tais circunstâncias, é comum surgir a depressão.

É importante, porém, lembrar que a negação é um dos estágios da tristeza e que, somente passando por ele, é possível chegar ao outro lado com um pouco mais de sabedoria.

VAMOS FAZER UM ACORDO?

Com a negação, vem a barganha. É doloroso ver alguém tentando negociar com Deus ou outra divindade. A barganha tem a ver com a tentativa de escapar, de encontrar uma saída ou, às vezes, de fazer o tempo retroceder. Um homem que me procurou após um processo sofrido de separação estava convencido de que, se mudasse o comportamento, teria a mulher de volta. Não conseguia aceitar o fim do relacionamento. Uma das críticas que ela lhe fazia era a de ser um *workaholic*, nunca disposto a ajudar nas tarefas domésticas. Ele, então, prometeu tardiamente a si mesmo que lavaria a louça do jantar – e fazia isso, embora a mulher não estivesse por perto para ver.

Assim como os negativistas, os regateadores se recusam a aceitar a perda.

Caso você se sinta preso ao estágio da negação e da barganha, procure a ajuda de um profissional. E, se suspeitar de que algum conhecido seu esteja nessa situação, incentive-o a buscar ajuda. Negar a tristeza é negar a possibilidade de viver.

COM RAIVA DO MUNDO

A raiva é o estágio mais explosivo da tristeza. Por que sentimos raiva? Porque perdemos o controle. Ficamos impotentes diante do que nos aconteceu e, na tentativa de encontrar um culpado, sentimos raiva. Uma pergunta comum nessa fase é: "Como Fulano pôde fazer isso comigo?"

Sentimentos de abandono e revolta costumam acompanhar a raiva. "Como Fulano pôde nos deixar nesta situação terrível?" ou "Por que ela não foi ao médico no ano passado, como eu disse?"

A outra face da raiva é a revolta contra nós mesmos: "Como fui deixar isto acontecer?" Se o acontecimento negativo e a perda a ele associada forem consequência de uma atitude sua (ainda que isso não seja percebido), a sua raiva pode se voltar contra o mundo e contra você.

Assim como acontece com as outras fases da tristeza, a raiva pode demorar a passar, revelando-se em explosões contra quem estiver por perto, em geral por questões insignificantes. Se reprimida, a raiva pode provocar depressão e ideias suicidas. É importante lembrar que a raiva é uma reação normal, mas deve ser expressada de maneira construtiva.

Todos nós sentimos raiva, em um momento ou outro. No contexto da aceitação, a raiva tem um importante papel. No contexto da perda e da tristeza, a raiva às vezes se manifesta de maneiras estranhas.

Melanie me escreveu depois de assistir a um dos meus seminários e ler meus livros. Ela estava no "estágio da raiva", no caminho da aceitação da morte de Peter, seu irmão gêmeo, em um acidente em uma construção. Segundo Melanie me contou, depois do choque inicial pela morte do irmão, ela começou a experimentar raiva, a se sentir traída por ele, que partira, deixando-a sozinha. Como gêmeos, os dois eram inseparáveis. Considerando seus sentimentos "errados" e egoístas, ela os escondera de todos. Melanie tinha diante de si uma montanha difícil de escalar. Na verdade, porém, sua reação era previsível.

Segundo ela, depois de uns dois meses de raiva, começou a sentir uma profunda tristeza, como se não conseguisse aceitar a morte prematura do irmão. Com a ajuda de um terapeuta, ficou sabendo dos estágios da tristeza e conseguiu entender que estava mais perto da "aceitação". Somente assim, livrou-se da culpa pela raiva que sentia.

A morte é difícil de suportar, porque é uma perda definitiva, mas outras perdas também são dolorosas. Travis perdeu o emprego em uma distribuidora, que atravessava problemas financeiros. Para piorar, sua namorada, Kirsten, esperava o primeiro filho do casal, e Travis acabara de dar entrada na compra de um apartamento. Travis me procurou no fim do seminário, dirigido aos fornecedores de uma grande montadora de automóveis, dizendo que não conhecia as "etapas da aceitação", mas havia passado por todas elas ao perder o emprego.

Depois do choque inicial, Travis passou as duas primeiras semanas lamentando o fato com os colegas. Depois, veio a raiva, e ele começou a tratar rispidamente todos os que se aproximavam; sentia pena de si mesmo, em especial porque a família iria aumentar. O que o deixava ainda mais revoltado era o fato de que, se fosse prevenido a respeito da demissão, não teria assumido o compromisso da compra do apartamento, continuaria pagando aluguel até que as coisas se ajeitassem.

Mas, como você vai ver pela continuação da história, quando somos obrigados a enfrentar uma situação, conseguimos "tirar coelhos da cartola". O que aconteceu com o Travis? Leia e se inspire, pois vai conhecer um exemplo de que os problemas podem representar excelentes oportunidades.

Travis sempre soube que os únicos motivos para o fracasso da organização onde trabalhava foram má administração e falta de liderança. Quando a empresa estava prestes a fechar as portas, vários clientes o procuraram com perguntas do tipo: "O que vamos fazer agora?" ou "Você conhece outra boa empresa com que possamos trabalhar?" Percebendo aí uma oportunidade, ele fez contato com o maior cliente da organização e perguntou se estaria disposto a aceitá-lo como fornecedor. Além disso, comprometeu-se a fazer um trabalho direcionado às necessidades e exigências do cliente. Este não somente acolheu a ideia, como ofereceu a Travis um espaço ocioso em sua fábrica, para que se instalasse. Os primeiros anos foram difíceis, é verdade, mas Travis reconhece que, se não fosse a demissão, jamais teria iniciado seu próprio negócio.

Essa história é um ótimo exemplo de como os estágios da tristeza podem levar a um final feliz. Trabalhe a aceitação e verá que um mundo de oportunidades o espera. Basta prestar atenção!

UM INCIDENTE NO TRÂNSITO – LIDANDO COM A RAIVA

A raiva expressa gratuitamente pode causar sérios problemas. Uma história que se passou comigo é um ótimo exemplo disso.

Quase todos nós já expressamos nosso aborrecimento no trânsito, seja impedindo a passagem de um motorista que não sinalizou ou perseguindo de perto outro que tenha forçado passagem à nossa frente. Comigo aconteceu depois de um longo trecho, perto da ponte do porto de Sydney, onde os carros avançavam lentamente. Ia meditando sobre meus problemas financeiros – bem sérios na época – e tinha uma dor de cabeça terrível. Para piorar, estava ainda em recuperação de uma forte gripe. Como se pode ver, meu humor não era dos melhores.

Depois do que me pareceram horas de espera, cheguei perto das cabines de pedágio onde tinha o espaço exato para entrar com o carro. Isso já havia acontecido muitas vezes, mas naquela manhã de domingo foi diferente. O motorista à minha direita estava determinado a não me deixar passar a sua frente.

Nas outras vezes em que isso aconteceu, não dei importância e simplesmente esperei para entrar em seguida. Mas aquele era mesmo um domingo diferente: minha cabeça parecia que ia explodir, a fila era longa e eu estava louco para chegar em casa e cair na cama. Quando percebi que não conseguiria entrar, fui pela esquerda e fiquei dois carros à frente, deixando o tal motorista furioso. Depois que atravessamos a ponte, ao pararmos no primeiro sinal fechado, ele emparelhou o carro com o meu e começou a socar o vidro ao lado do banco do carona. Abaixei um pouco o vidro e lhe disse rispidamente que parasse com aquilo. Quando o sinal abriu, ele arrancou e tentou me dar uma fechada. Vendo que a situação estava ficando perigosa, forcei passagem e acabamos batendo.

Ele saltou do carro gritando que a culpa era minha e, completamente fora de si, tentou pegar minha chave na ignição, ameaçando chamar a polícia. Tecnicamente, a culpa do acidente fora dele, mas eu sabia que poderia ter administrado a situação de outra maneira. Se eu tivesse ignorado sua má vontade no início, nada daquilo aconteceria. E, quando abaixei o vidro e lhe disse uns desaforos, foi a "gota-d'água".

Para acalmar os ânimos, concordei em pagar o conserto do carro dele, que ficou em cerca de 700 dólares. Além disso, telefonei na manhã seguinte, para pedir desculpas. Ele ficou bastante surpreso. Disse, então, que a mulher tinha ficado furiosa pelo que ele fizera, sustentando que, se ele não batesse no vidro do meu carro, eu não teria dito palavras grosseiras, e as coisas não iriam tão longe. A grande lição que se tira do episódio é que, sob pressão, qualquer um pode explodir e fazer coisas que normalmente não faria.

O homem que se envolveu no incidente comigo era uma pessoa altamente respeitada, diretor de uma financeira (felizmente não era meu cliente!). Concordamos em que aquela fora uma grande lição para os dois e demos o caso por encerrado de maneira tranquila, em comparação com o que poderia ter acontecido.

Existem modos mais construtivos de lidar com a raiva. Um bom exemplo é o exercício físico. Alguns quilômetros de corrida puxada podem ajudar a liberar a raiva. Se tiver vontade de gritar, grite – mas dentro de casa, em segurança. Feche a porta e grite. Soque os travesseiros. Esses gestos costumam ajudar a eliminar a raiva do sistema.

Às vezes, a pessoa tomada pela tristeza se torna irritadiça e pode se voltar contra quem estiver por perto. Se isso lhe acontecer, controle-se, não reaja e espere passar. Se for preciso, procure ajuda.

"É TUDO CULPA MINHA" – LIDANDO COM A CULPA

Muita gente se sente culpada quando acontecem reveses ou perdas em sua vida – em especial se suas ações tiverem contribuído para o resultado. É importante lembrar que a culpa é mais uma fase do processo de tristeza.

A culpa está associada a uma sensação de fracasso ou erro. Um homem que vê os negócios ou o casamento destruídos, por exemplo, pode experimentar uma terrível sensação de culpa, ainda mais ao se considerar, pelo menos em parte, como provedor e protetor. Quando os parâmetros segundo os quais se julga "bem-sucedido" não são atingidos, a culpa toma conta.

A morte de alguém com quem se tenha uma questão mal resolvida também pode provocar culpa. Quando meu pai morreu, eu me lembro do desconforto que senti por ter deixado de lhe dizer o quanto o amava. Hoje, tenho certeza de que ele sabia; mas na época me senti terrivelmente culpado.

As razões para a culpa podem ser reais ou imaginárias. Em ambos os casos, o resultado é o mesmo: nenhuma produtividade. A culpa serve como sinal de alerta para o papel que exercemos nos acontecimentos, é verdade, mas deixa de ter utilidade se não agirmos a respeito de maneira positiva. O processo de perdão faz parte dessa atitude, a fim que possamos deixar o passado para trás e seguir adiante (veja o capítulo 6). Caso contrário, ficaremos eternamente presos à infelicidade.

A culpa é um sentimento complexo. Se nos deixarmos dominar por ela, podemos distorcer a noção de realidade e viver em um mundo imaginário. Veja o caso de Ruth, cuja culpa envolvendo a morte do pai ainda a incomodava muitos anos depois. Trabalhando para uma organização em Adelaide que englobava vários meios de informação, ela me procurou depois de uma palestra que fiz para os funcionários, dizendo-se tocada pelo que eu dissera sobre tristeza e, em especial, sobre culpa, uma emoção negativa que a acompanhava há anos. Segundo disse, tinha conseguido, afinal, chegar a um ponto de equilíbrio e queria contar sua história, que ilustrava perfeitamente os efeitos da culpa não controlada.

Ruth era a mais velha de quatro irmãs – a menina dos olhos do papai – considerada a mais bonita, a mais inteligente, a melhor atleta da família. Em resumo: era boa em tudo. O pai, um homem de negócios muito bem-sucedido, tinha uma série de franquias espalhadas por toda a Austrália, o que o fizera muito rico. Nada faltava à família. A mãe de Ruth era a sombra do prestigiado marido, que comandava as "meninas", como as chamava, com uma benevolente mão de ferro. Ele escolhia as roupas que usavam, os amigos – definia a vidas delas.

Ruth, como seria de se esperar, saiu-se muito bem no estudo e foi admitida em uma faculdade de Medicina. Quando ela estava com 20 e poucos anos, o pai ficou doente pela primeira vez na vida: câncer. Mais ou menos na mesma época, Ruth começou a "fazer oposição ao sistema", segundo suas palavras. Passou a sair com rapazes mais novos, não aprovados pelo pai, e deixou de estudar. Como consequência, foi reprovada nos exames. Os dois brigaram – exatamente quando começaram os problemas de saúde dele.

– Apesar da minha atitude desafiadora, no íntimo me sentia culpada – ela contou.

Ruth decidiu trocar Medicina por Ciências, que lhe exigiria menos. O pai ficou desapontado. A saúde dele se manteve razoável por uns dois anos, período em que trocou poucas palavras com a filha.

– Eu me afastei dele. Mas era o único meio de ser dona da minha vida.

O pai de Ruth ficou visivelmente entristecido. Ela sabia que o pai jamais aprovaria o rapaz de quem estava noiva, mas isso só serviu para aproximá-la dele ainda mais, e os dois se casaram.

– Meu pai estava certo, claro. Ele não era homem para mim – ela disse, com um meio sorriso.

Logo depois do casamento, ao qual os pais compareceram, embora não concordassem, a saúde do pai de Ruth piorou. Dessa vez, não houve recuperação.

– Meu pai morreu sem que reatássemos a relação de carinho que tivemos a vida toda. Na época, faltei aos exames finais na faculdade e descobri que estava grávida.

O pai de Ruth não conheceu o neto, um menino que recebeu o nome do avô, "apesar dos protestos do meu marido", conforme disse Ruth.

Com a morte do pai, Ruth se sentiu terrivelmente culpada.

– Foi como se, com o meu comportamento, eu tivesse apressado a morte do meu pai – ela contou.

A partir de então, começou a enxergar defeitos no marido.

– Eu implicava com ele o tempo todo. E todas as fraquezas que meu pai tinha apontado começaram a ficar evidentes para mim.

Ao mesmo tempo, ela "errava a mão" na educação do filho.

– Transferi para o menino todo o afeto que tivera por meu pai e as esperanças de um casamento feliz.

Até que a situação se tornou insustentável e, quando o menino tinha 2 anos, o casal se separou. Ruth mimava tanto o menino que ele se tornou uma criança difícil e mal-educada.

– Eu agia como se meu pai vivesse através dele e fazia de tudo para que não se aborrecesse ou desaprovasse qualquer dos meus atos.

Àquela altura, preocupada com a reviravolta na vida da filha e com a saúde do neto, felizmente, a mãe de Ruth resolveu intervir.

– Ela não costuma adotar essa atitude, mas me chamou e teve uma conversa comigo. Agora, ela é muito mais assertiva – relatou Ruth.

A mulher que vivera sempre à sombra do marido finalmente tomava uma iniciativa.

– Mamãe tinha uma visão clara do que aconteceu com papai. Ele tinha sido uma pessoa maravilhosa, mas controladora, e ela só começou a viver a própria vida depois da morte dele. Ela afastou de mim toda a culpa. Além disso, me fez ver meu comportamento de forma mais amadurecida. Eu sabia que não viveria para sempre ao lado do homem com quem me casara, mas entendi que precisaria lidar com a situação de maneira mais construtiva, de modo a permitir que meu filho crescesse sem conflitos ou problemas. No fim das contas, admiti que a culpa pela morte do meu pai tinha envenenado meus relacionamentos e, somente quando me livrei dela, consegui realmente crescer e seguir adiante – concluiu Ruth.

TEMOS QUE NOS PERMITIR SENTIR TRISTEZA

O estágio mais palpável da tristeza é a melancolia. A melancolia é como um pano de fundo para a tristeza e pode se manifestar de várias formas, de uma dor difusa a uma pontada no coração. Muitos cedem à melancolia depois de experimentar todas as outras emoções; tornam-se retraídos, pouco se comunicam, podendo chegar à depressão (veja o capítulo 11). É nessa fase que, às vezes, questionamos toda a nossa atitude diante da vida.

Uma amiga me contou como, aos poucos, conseguiu se livrar da tristeza causada por um relacionamento longo e importante, mas destrutivo.

– Por muito tempo, levantar da cama pela manhã foi um sacrifício. Eu sonhava frequentemente com D. Nos sonhos, estávamos juntos e felizes e era muito doloroso acordar... Tudo parecia difícil: trabalhar, comer, fazer exercícios... A vida se tornou um abismo escuro e desolador de pura tristeza. Aos poucos, porém, as coisas foram se desanuviando. Procurei aumentar as atividades, para distrair o pensamento. Ainda assim, às vezes me pegava chorando por pequenas coisas, como um tombo de uma criança ou um filme triste. Até que, um dia, percebi que fazia mais de vinte e quatro horas que não pensava nele. Em seguida, passaram-se dois ou três dias sem que me sentisse melancólica. E, depois de um ano e meio, embora ainda sentisse pontadas de tristeza, já conseguia pensar no relacionamento desfeito sem que isso me estragasse o dia ou a vida. Era a superação.

A tristeza surge de várias formas, por diferentes razões. Apenas cuide para não deixá-la se transformar em depressão. Temos que nos permitir sentir tristeza – faz parte do processo –, mas também precisamos saber quando dar um basta ou confiná-la em um canto onde não interfira na vida diária. E seguir adiante.

A TRISTEZA AFETA A PARTE FÍSICA

Medo, ansiedade e ataques de pânico costumam fazer parte do processo, em especial quando o acontecimento negativo nos deixa mais vulneráveis emocionalmente. O problema com a ansiedade e o pânico é que nos impedem de ver as situações com lógica, além de exercerem forte influência sobre nosso estado físico, podendo se traduzir em sintomas como sudorese, insônia, problemas digestivos, síndrome do cólon irritável, palpitações, tonturas e desmaios. Se estiver sofrendo desses sintomas, procure um médico. Além dos antidepressivos, existem ansiolíticos excelentes, que provavelmente serão de grande ajuda. Medo e ansiedade podem nos impedir de passar à fase seguinte da tristeza, que é a aceitação. Portanto, preste atenção aos sintomas e não os deixe fugir ao controle.

ACEITANDO O FATO DE QUE AS COISAS MUDARAM

A aceitação é a fase em que a tristeza perde a força. Como todas as partes do processo, a aceitação não segue um roteiro predeterminado.

A maioria das pessoas, ainda em meio à tristeza, começa a perceber lampejos de esperança antes de enxergar a luz no fim do túnel. A aceitação é o ponto em que sentimos ser possível prosseguir. É quando aceitamos que as coisas jamais voltarão a ser o que eram.

Lembra-se da morte da princesa Diana em um acidente de carro em Paris, em 1997? Aquele foi definitivamente um momento marcante, assim como o assassinato de John Kennedy, os ataques ao World Trade Center em 11 de setembro e as bombas em Bali. O mundo entrou em estado de choque e tristeza ao saber destes acontecimentos, passando por todas as fases que mencionei, até chegar a uma forma de aceitação.

Quando falo em "aceitação" durante uma consulta ou seminário, muitos pensam inicialmente que me refiro à "concordância". Aceitar não é concordar com as razões do incidente, é reconhecer que o fato aconteceu e retomar a vida da melhor maneira possível.

Muitas formas de neurose e doença mental se manifestam porque o indivíduo não consegue aceitar algo terrível e doloroso que aconteceu em sua vida, como: ser molestado sexualmente na infância, ser despedido injustamente de um emprego ao qual se dedicava, ser maltratado(a) pelo(a) parceiro(a). Por aí, dá para perceber a importância do processo de aceitação.

Quanto mais estudo o assunto, mais me inclino a concordar com esta conclusão: a aceitação traz plenitude e paz, por isso é tão poderosa. Muitos dos problemas pelos quais você está passando agora podem ser resolvidos pela aceitação. Para isso, porém, é preciso superar e seguir adiante. Assim que começamos a aceitar a situação, conseguimos acordar, olhar para a frente e redefinir a vida. Também conseguimos olhar para trás, perceber as causas do problema e identificar onde, exatamente, fomos responsáveis.

SEGUINDO EM FRENTE

Uma das tarefas mais difíceis, quando se tenta compreender o que aconteceu, é ter a certeza de ver as coisas como realmente são.

Talvez você pense que, quando se perde um ente querido, não há muitas maneiras de encarar o fato. Será que não?

Como já contei, perdi meu pai aos 14 anos e nunca esqueci como reagiram as pessoas em volta. É incrível como podem ser variadas as reações a um mesmo evento. Embora o choque e a tristeza fossem comuns a todos, alguns tentavam superar, outros se concentravam na perda e outros ainda comentavam as grandes realizações do meu pai.

O que quero dizer é: podemos escolher como encarar uma situação. Vou dar um exemplo.

Kerry Jane, além do estressante trabalho como controladora de uma grande fábrica em Brisbane, é mãe de três garotos. Dois anos atrás, seu marido, Hector, morreu em um acidente de carro quando voltava para casa. Em meio aos destroços do veículo, foi encontrado um ramo da flor preferida de Kerry Jane. Não que fosse uma data especial, era apenas mais uma de suas atitudes carinhosas. Segundo Kerry Jane, a morte do marido foi a pior coisa que poderia ter lhe acontecido. Depois do acidente, ela se sentiu literalmente perdida, petrificada.

Kerry Jane disse que, um ano depois, tudo tinha mudado. Ela havia se tornado uma pessoa amarga, intolerante e ríspida. Uma tarde, atacou verbalmente a caixa do supermercado somente porque a moça se esqueceu de lhe entregar a nota de compra. Mas o que aconteceu em seguida mudaria sua vida.

Ao ser tratada com tanta desconsideração, a moça começou a chorar. E, enquanto Kerry Jane empacotava as compras, preparando-se para ir embora, ouviu-a dizer:

– Hector jamais agiria assim. Ele me fazia sentir especial, principalmente quando sabia que eu não estava nos melhores dias.

Kerry Jane parou imediatamente. A reação da caixa do supermercado fez por ela o que nenhuma das palavras de consolo que ouvira de parentes e amigos tivera o poder de fazer: mostrar como sentia pena de si mesma. Naquele momento, ela percebeu claramente o quanto estava se destruindo e a todos que se aproximavam dela. Era hora de mudar. Ela não permitiria que sua autopiedade manchasse a memória de Hector. São pequenos e inesperados fatos como esse que nos "sacodem". Mas é preciso que seja assim, se quisermos cumprir nosso destino de ser pessoas especiais.

MEMORIAL DO PASSADO

Em meu antigo emprego na Qantas Holidays, Bali ficava sob minha responsabilidade e por isso sempre senti uma ligação especial com aquela ilha paradisíaca, sobretudo pela felicidade e inspiração que me proporcionou. Os almoços no Kupu Kupu Barong, em Ubud, os passeios pelos arrozais, as negociações intermináveis nos mercados de Kuta e Sanur, com todos aqueles relógios, camisetas e roupas Armani/Versace/Dolce & Gabana – tudo falso, "diretamente da Europa".

Estou certo de que, na Austrália, todos se lembram dos eventos realizados em todo o país para recordar a tragédia das bombas que explodiram em Bali. A mídia fez uma extensa cobertura dos acontecimentos, permitindo que todos participássemos do processo de tristeza, embora a maioria não conhecesse pessoalmente as vítimas. Ainda me lembro de como, decorrido um ano do triste acontecimento, tive a sensação de que era hora de seguir adiante. Não quero dizer com isso que devemos esquecer aqueles que se foram, apenas tinha chegado o momento de dar às lembranças um aspecto positivo.

Apesar de triste, é uma experiência emocionante ver as famílias homenageando seus mortos. As lágrimas me vêm aos olhos enquanto escrevo e acredito que a Austrália jamais esquecerá aquele triste episódio de sua história. Alguns dizem que a batalha de Gallipoli, na Primeira Guerra Mundial, foi ainda pior; eu discordo. Quem quer que tenha visto Eric de Haart, da equipe de rúgbi do Coogee Dolphins, de New South Wales, chorando pelos colegas mortos vai concordar comigo. Aquele sujeito "durão" chorou por todos nós. Quando os sobreviventes da tragédia de Bali voltaram à Austrália, eu estava fazendo compras em uma loja de departamentos. O noticiário das 11h fez com que todos parassem onde estavam. Na seção de material elétrico, pude ver todos os clientes chorarem ao mesmo tempo, assistindo à televisão. Alguns homens se afastaram, tentando esconder a emoção, mas era visível que estavam tocados.

Acredito que já começamos a deixar para trás aquele evento terrível, e os memoriais criados por ocasião do primeiro aniversário da tragédia desempenharam um papel importante. Um memorial é um meio excelente de honrar uma perda que você tenha sofrido na vida. Pode ser uma árvore plantada no jardim, uma caixa reunindo as melhores lembranças, um dia especial no ano dedicado à recordação. O memorial lhe dá a oportunidade de ver a pessoa ou o acontecimento de modo positivo – e é de grande ajuda para que você possa seguir em frente.

QUATRO ESTAÇÕES PARA LIDAR COM A PERDA

Eu me lembro de ter ouvido alguém dizer a um amigo meu, em um velório, que são necessárias quatro estações para superar uma perda. Acredito que a ideia seja aplicável a todo tipo de perda: morte, desemprego, ruína financeira ou fim de relacionamento. Enquanto estive no hospital, ouvi de uma enfermeira que geralmente passa um ano até que a pessoa se dê conta de que está em uma cadeira de rodas e jamais voltará a andar. Ainda segundo ela, é possível perceber nitidamente, com o passar dos dias, semanas e meses, a sucessão dos estágios da tristeza até chegar à aceitação.

– E quando o paciente não cumpre os estágios? – perguntei.

– As consequências podem ser terríveis – ela respondeu. – Tudo fica mais evidente depois da alta médica. Se o paciente fica preso ao que aconteceu, desenvolvendo uma mentalidade de vítima, acaba estragando o casamento, as amizades e até a saúde. Por outro lado, se é benevolente consigo mesmo e busca ajuda para chegar à aceitação, sai da experiência mais forte do que antes.

Ela me falou de um ex-paciente – vamos chamá-lo de Max – que sofreu um acidente durante uma partida de futebol e ficou paraplégico. Max sempre tinha buscado o desenvolvimento pessoal, sabia do poder da aceitação e queria cumprir todos os estágios da tristeza. Segundo ele, havia momentos em que a raiva que sentia era palpável: o fato de entender o que se passava não o ajudava em nada. No entanto, quando deixou o hospital, seis meses depois de ter sido levado para lá às pressas, estava determinado a transformar um acidente terrível em uma oportunidade excelente.

Decorridos três anos, Max faz visitas regulares à ala do hospital onde teve a vida salva. Ele serve de exemplo e procura fazer com que os pacientes parem de pensar no que lhes aconteceu e se concentrem no ponto aonde querem chegar. A aceitação da raiva é parte de sua argumentação. E o que Max diz faz sentido, pois ele esteve lá e sabe o que os pacientes sentem, já que percorreu o mesmo caminho.

Ainda sob o impacto da morte do meu pai, minha mãe prendeu, atrás da porta do banheiro, o famoso poema Desiderata, de Max Ehrmann. Embora eu fosse um adolescente na época, a leitura me causou um forte impacto. A essência dos versos é a aceitação. Vou reproduzi-los aqui, e espero que você goste deles tanto quanto eu.

Siga tranquilamente entre a pressa e a quietude,
lembrando-se da paz que pode haver no silêncio.

Tanto quanto possível, sem abrir mão dos seus princípios,
mantenha boas relações com todas as pessoas.
Diga a sua verdade mansa e claramente
e ouça o que dizem os outros,
mesmo os insensatos e ignorantes;
eles também têm história.
Evite as pessoas barulhentas e agressivas,
pois fazem mal ao espírito.

Se você se comparar aos outros,
pode se tornar uma pessoa presunçosa ou amarga,

pois sempre haverá
quem lhe seja superior ou inferior.
Aprecie tanto as suas realizações quanto os seus planos.
Mantenha o interesse pelo seu trabalho, por mais humilde que seja
ele é um bem na inconstância do tempo.

Tenha cautela nos negócios,
pois o mundo é cheio de artifícios.
Mas não deixe que isso lhe feche os olhos à virtude que existe
muita gente luta por ideais nobres
e pode-se ver heroísmo em toda parte.
Seja você mesmo. E, sobretudo, não finja afeto.
Nem seja descrente do amor,
pois mesmo diante da frieza e da desilusão
ele resiste, como o capim.

Aceite com benevolência os conselhos dos mais velhos
e a impetuosidade dos jovens.
Alimente a fortaleza de espírito que será sua proteção nas súbitas tristezas.
Mas não se deixe angustiar por pensamentos sombrios.
Muitos medos nascem do cansaço e da solidão.

Mantenha uma disciplina saudável,
mas se trate com gentileza.
Você é tão filho do universo
quanto as árvores e as estrelas,
você tem o direito de estar aqui.
E, quer você perceba ou não,
o universo se revela como deve ser.

Portanto, esteja em paz com Deus,
seja qual for a forma que você Lhe dê.
E, quaisquer que sejam as suas tarefas e aspirações,
em meio à turbulência da vida,

mantenha-se em paz com a sua alma.

Apesar das mentiras, das dificuldades e dos sonhos desfeitos,
o mundo ainda é lindo.
Seja otimista e faça de tudo para ser feliz.

Percebeu o que eu quis dizer? O poema toca em todas as nossas lutas diárias, mas para mim o melhor é o final... brilhante!

Capítulo 9

RECUPERANDO A AUTOCONFIANÇA

NESTE CAPÍTULO

■ A conta bancária da auto-estima e o que ela pode fazer por você ■ Existem pessoas capazes de ajudar você a recuperar a autoconfiança ■ Pontos para a auto-estima ■ Conceda-se o direito de perdoar-se ■ Discuta as questões de modo construtivo ■ Não se esqueça das suas realizações ■ *Brainstorm* positivo

Entre os assuntos abordados em minhas palestras, o preferido de todas as plateias é a autoestima: como desenvolver, manter e fortalecer.

Quando escrevi *Você Pode!*, em 1997, pensei que soubesse alguma coisa sobre como lidar com os reveses da vida – mas ainda tinha muito o que aprender! Desde então, ao sofrer vários, fiquei ainda mais convencido de que o que conta é a maneira de enfrentar esses reveses. A partir daí, podemos ir ao fundo do poço ou às alturas.

Houve uma época em que cheguei a pensar que jamais recuperaria as finanças e a saúde. Então, em uma tentativa de superação, comecei a repetir conscientemente atitudes que tinham sido de grande ajuda em outras situações difíceis. O fato de analisar a situação em que estava, buscando tirar daí a inspiração, fez maravilhas pela minha autoestima.

A CONTA BANCÁRIA DA AUTOESTIMA E O QUE ELA PODE FAZER POR VOCÊ

Um dos recursos mais importantes que descobri para desenvolver a autoconfiança é a conta bancária da autoestima. Em *Você Pode!*, comento essa ideia, usando a metáfora de uma conta bancária cujo saldo aumenta a cada elogio e diminui a cada repreensão por um erro, seja ele grande ou pequeno. Controlando os depósitos feitos na conta, posso controlar com me sinto: bem ou mal. Assim como a conta bancária pode ser movimentada por meio de um cartão eletrônico, o mesmo acontece com a conta bancária da autoestima. O saldo permanece o mesmo até que façamos um depósito ou uma retirada.

Tendo chegado a este ponto do livro, você percebeu que, algumas vezes, esqueci minhas próprias ideias. Deixei que alguns acontecimentos se avolumassem e, embora sem consciência, retirei pontos da minha conta bancária da auto-estima. Então, o que quero lembrar a você é: mesmo conhecendo o assunto (e, no meu caso, fazendo palestras por mais de quinze anos), somos humanos e, como tal, passíveis de cometer erros.

Embora em alguns momentos possamos esquecer o que sabemos e deixar de fazer os depósitos que mantêm uma autoestima saudável, nunca é tarde para começar ou para recomeçar do ponto onde paramos. Depois que tomei providências para resolver meus problemas e vencer a depressão, voltei a fazer depósitos na conta bancária da autoestima e assim melhorei o panorama da vida.

EXISTEM PESSOAS CAPAZES DE AJUDAR VOCÊ A RECUPERAR A AUTOCONFIANÇA

Embora a angústia me invadisse muitas vezes durante a crise financeira pela qual passei, eu sempre soube que, se mantivesse pelo menos um fiapo de confiança na minha capacidade, conseguiria sair daquele pesadelo. Aqueles com quem convivo, tanto social como profissionalmente, podem contar em detalhes sobre as vezes em que me deixei abater pela situação. Eles vão dizer que, de repente, eu não era mais o Paul Hanna cheio de vida que conheciam. Mas vão confirmar que nunca deixei de acreditar que aquele pesadelo, um dia, iria terminar.

Já comentei a importância de estarmos cercados de gente positiva e gostaria de dar dois exemplos disso, em especial no que se refere à melhora da auto-estima.

Em um de meus piores dias, liguei para James, um amigo e cliente que é uma pessoa incrível, com grande sensibilidade para perceber quando alguém precisa conversar. Como já havia prestado serviços para onde James trabalha, acredito que ele me tenha visto atuar pelo menos umas 30 vezes! Como se pode ver, ele me conhece bem. Sempre que "Pauly Hanna precisava se acalmar e conversar com alguém", James estava disponível. (Pauly é o apelido carinhoso pelo qual meus amigos me chamam.)

Certo dia, James me telefonou ao acaso, apenas para saber como eu estava. Tentei disfarçar, mas ele percebeu que eu não estava bem.

Depois de conversarmos um pouco, falando de carros, como sempre fazemos, James me convidou para almoçar no Macchiavelli's, um dos melhores restaurantes de Sydney.

Durante o almoço, James me disse algo que jamais vou esquecer:

– Paul, você é incrível.

– Por quê? – perguntei.

– Apesar da encrenca em que está metido, ainda consegue falar do seu trabalho com a mesma paixão de dez anos atrás, quando nos conhecemos.

Em seguida, James acrescentou que se algum dia estivesse em uma situação semelhante à minha, gostaria que eu lembrasse a ele aquele almoço e que a paixão sempre vence no final.

Em outra ocasião, fui ajudado por John, mais um bom amigo. Era um sábado de manhã, em meio ao período mais difícil da crise pela qual passei. Eu dirigia no centro da cidade, quando ele passou por mim na direção contrária. John sempre foi um grande incentivador do meu trabalho. Quando *Você Pode!* alcançou o primeiro lugar entre os mais vendidos, ele foi um dos primeiros a me telefonar e repetiu o gesto a cada lançamento de um novo livro. Naquela manhã em que passamos um pelo outro rapidamente, pensei que não tivesse me visto, mas, cerca de um minuto depois, recebi uma mensagem de voice mail, dizendo: "Olá, Paul Hanna. Aqui é John. Só para lembrar que você pode!" Ele não tinha como saber o quanto eu estava mal naquele momento, mas seu gesto significou muito e me fez criar alma nova.

Pouco antes das festas de fim de ano, John telefonou para me desejar um feliz Natal e um ano-novo de sucesso, já que sabia do novo livro que eu estava escrevendo. Aproveitei então para agradecer pela mensagem enviada naquele dia em que nos cruzamos no trânsito. Para minha surpresa, John disse:

– Mas eu não vi você passar. Simplesmente pensei em você naquele momento e tive vontade de lhe mandar uma mensagem de incentivo.

Que fantástico! É o que se chama "sincronicidade", e toda vez que acontece me arrepio!

PONTOS PARA A AUTO-ESTIMA

Um dos princípios básicos da perda de peso (e do ganho) é que aconteça aos poucos. Se vale para o peso, vale também para muitas outras coisas, inclusive o desenvolvimento da autoestima.

Eis algumas sugestões simples para aumentar a autoestima e fazer você se sentir melhor e mais otimista quanto ao futuro.

1.RENOVE O GUARDA-ROUPA.

Esta é fácil, mas de forte e imediato impacto. Quando estamos desanimados, a tendência é deixarmos de lado cuidados como lavar e arejar a roupa. Reserve tempo para uma revisão no guarda-roupa e desfaça-se do que estiver muito usado. Descubra os tesouros guardados que você tem. Às vezes, basta acrescentar um detalhe para melhorar a aparência!

2.FAÇA UMA FAXINA NA CASA, NO CARRO, NA GELADEIRA.

Eu me considero uma pessoa razoavelmente organizada e sempre segui o mantra repetido por um de meus clientes mais caros e leais – o McDonald's: "Arrume imediatamente." Parece pouco, mas é incrível como a confusão e a desordem crescem depressa, quando o indivíduo é negligente com ele ou com o ambiente onde vive. Se você, por exemplo, não arrumar a cama logo depois de acordar, é provável que a deixe por fazer o resto do dia. Então, com o passar das semanas, cama desarrumada passa a ser "normal". E na hora de dormir? Uma cama por fazer não é uma visão agradável e provoca comentários negativos, como: "Que relaxamento! Devia ter feito a cama!" ou "Quanta preguiça!"

No entanto, quando você entra em um quarto limpo e organizado, a mensagem é outra – a de um ambiente arrumado e aconchegante. Se eu estiver parecendo a sua mãe, desculpe! Mas pequenas coisas como essa podem ter um grande impacto sobre a sua disposição de lutar e se superar – ou não.

Dê uma olhada no seu carro. Alguém me disse que nos sonhos o carro simboliza o corpo físico; portanto, se o seu carro estiver uma bagunça, é provável que o seu corpo também precise de uma arrumação!

CONCEDA-SE O DIREITO DE PERDOAR-SE

Durante o intervalo de um recente seminário, fui procurado por Greg, um dos participantes, que me pediu cinco minutos de atenção. Marcamos encontro para dali a meia hora, no balcão do café, quando ele me falou das dificuldades que vinha enfrentando há um ano, por causa de um divórcio complicado. Segundo contou, Greg sabia que sua excessiva dedicação ao trabalho, deixando a família de lado, tinha contribuído para a separação. Daí não conseguir se livrar do sentimento de culpa, especialmente em relação às crianças.

Greg acrescentou que, além dos filhos, tinha enteados para fazê-lo se sentir um pai ainda mais ausente. Às vezes, ficava tão desanimado que deixava de buscá-los em um fim de semana a que tinham direito juntos, embora soubesse que a ex-esposa poderia usar isso no futuro para acusá-lo de descaso.

– Eu não me concedo o direito de ser pai – ele disse.

Quando ouvi a história de Greg, quase caí da cadeira. Ele jamais poderia imaginar quantos pontos em comum tinha com a minha experiência, embora em uma situação diferente. Meus problemas físicos, emocionais e financeiros foram tão sérios que, durante muito tempo, enfrentei uma dúvida semelhante à de Greg: tenho o direito de fazer seminários de motivação? Assim como ele questionava seu papel de pai, eu questionava meu papel de motivador.

Concluí que me perdoar seria a primeira providência a tomar. Se eu me perdoasse e a todos os envolvidos no problema, ficaria muito mais leve: estaria livre do peso da culpa e poderia seguir adiante. Foi o que aconselhei a Greg. Ele precisava se perdoar pelas atitudes do passado e concentrar nos filhos energia e atenção.

O perdão é essencial para o reajuste do barômetro da autoestima. Sem perdoar, ficamos presos ao passado, que passa a definir o futuro.

DISCUTA AS QUESTÕES DE MODO CONSTRUTIVO

Já vimos o quanto é importante se manter longe de gente negativa e comentários negativos. Também já vimos que é igualmente importante se cercar de gente forte e positiva, a quem possa pedir ajuda para reconstruir a vida, quando necessário.

Em um de meus piores dias, quando me sentia atingido por uma avalanche de contas e problemas, recebi o telefonema de um antigo cliente. Ele notou que eu não estava bem e conversamos sobre o assunto. Foi muito bom conversar com alguém e, naquele momento, percebi a ligação que havia estabelecido com alguns clientes. Era como se, quanto mais graves fossem os meus problemas, mais os clientes ficassem dispostos a comentarem os deles. Não digo que tenhamos formado um "clube de sofredores", mas que eles pareciam relaxar ao perceber que minha vida não era um mar de rosas. Apesar da situação difícil em que me encontrava, aquela foi uma época em que muitos clientes ouviram meus conselhos. Paradoxalmente, minha franqueza havia despertado neles confiança e respeito.

Quando expliquei a John, um cliente, o quanto me sentia estranho falando em motivação para uma plateia em troca de um dinheiro de que precisaria para comer no dia seguinte, ele disse que não me preocupasse, pois era o fato de eu ser tão "normal" que atraía os ouvintes. Vários de seus colegas já tinham comentado isso, assim como sobre meu interesse em ajudá-los a vencer as dificuldades e alcançar melhores perspectivas.

– Pense em quanto mais vai despertar em termos de empatia agora que sabe o que é ficar preso a uma cama e precisar de dinheiro para comer no dia seguinte – ele disse. – Em um mundo de palestrantes espalhafatosos e "donos da verdade", sua honestidade e clareza vão ser recebidas com entusiasmo.

As palavras de John significaram muito para mim; eram exatamente as que eu precisava ouvir naquele momento. E, com certeza, melhoraram o saldo da minha conta bancária da autoestima.

Não se esqueça das suas realizações

O conselho que dei a Greg correspondia ao que recebi de John e de outros clientes. Quando comecei a me sentir indigno de falar sobre motivação para uma plateia, eles me disseram coisas, como: "Imagine como as pessoas vão se sentir inspiradas pelo seu exemplo de superação nos últimos três anos" ou "Acredito que o pessoal vai respeitá-lo ainda mais, ao saber das dificuldades que enfrentou e de como lutou para vencê-las."

Assim, eles não me deixaram esquecer das minhas realizações, ainda que nuvens de autopiedade e revolta surgissem no horizonte.

Naquele encontro durante o café, aconselhei Greg a escrever sobre os bons momentos que passara com os filhos e o que isso tinha significado para ele. Com a permissão dele, fiz um esboço, que acredito possa ser útil para você também.

Realizações com a família	Significado
Construção de uma casa de brinquedo.	As crianças consideram a casa uma espécie de refúgio.
Garantir às crianças a melhor educação possível, o que ele próprio não teve.	Liberdade de escolha da carreira.
Lembrar-se sempre das datas especiais, como aniversário de casamento e dos membros da família.	Bons momentos passados juntos.

Entre as sugestões que fiz a Greg, uma das mais úteis foi que fixasse lembretes apontando o quanto ele era bom. Quando você não está bem e as coisas também não vão bem, a tendência é pensar somente nos acontecimentos ruins, esquecendo o que houve e há de bom.

Compre um bloquinho de adesivos, do tipo *post-it*, escreva neles as suas realizações e as qualidades que fazem de você uma pessoa especial e espalhe pela casa.

Os lembretes ajudaram Greg a manter o foco no que ele tem de bom, em vez de se concentrar nos aspectos negativos.

BRAINSTORMING POSITIVO

Comprar um bloquinho de adesivos é fácil, o difícil é lembrar os aspectos positivos em meio a uma crise séria. Se for esse o caso, converse com alguém que o conheça bem e seja seu amigo. As pessoas que gostam de nós têm todo o interesse em nos ver felizes e estão em ótima posição para nos despertar pensamentos positivos, talvez enfraquecidos pela perda do emprego ou pelo rompimento de uma relação.

Capítulo 10

NEUTRALIZANDO O ESTRESSE – SUGESTÕES PARA MANTER A RAZÃO

NESTE CAPÍTULO

- Sinais de alerta quanto ao estresse
- Lutar ou correr
- Como aliviar o estresse e não piorar as coisas

Ao tentar lidar com os reveses e adversidades, muitas vezes acabamos escravos de uma das mais insidiosas condições do nosso tempo: o estresse. Quantas vezes você já ouviu alguém se queixar das pressões a que é submetido e do estresse que daí resulta? Parece que todo mundo está um pouco estressado pelas circunstâncias da vida moderna. Uma das razões para esse estresse generalizado é o fato de vivermos de acordo com os horários e exigências estabelecidos por outras pessoas; outra é a grande variedade de tarefas a cumprir.

Se você tem a impressão de viver sob constante pressão, procure se fazer algumas perguntas:

- Estou vivendo como quero?
- Quem determina minha agenda?
- Que coisas simples posso fazer, para aliviar a pressão?

Precisamos observar atentamente o estresse e suas consequências sobre nossas vidas. O estresse é um subproduto quase inevitável dos obstáculos e reveses, e precisamos aprender a identificá-lo e neutralizá-lo, caso contrário acabará se tornando o maior dos problemas, por sua capacidade de destruir nossa saúde física e emocional.

Qualquer que seja o seu problema, certamente é motivo de preocupação e sofrimento – fatores de estresse. É possível conviver com esses fatores que, de certo modo, podem até ser benéficos, mas quando se tornam presentes demais é hora de parar e pensar.

O que acontece com o estresse é que, com frequência, torna-se o próprio problema, que vai se avolumando e gerando outras consequências negativas. É como um incêndio na mata: foge ao controle facilmente.

Vamos ver as consequências de um problema estressante que acaba afetando a vida como um todo. Cerca de um ano atrás, fui convidado para ser o palestrante principal de uma importante conferência em Adelaide. O tema: a superação de crises. A organização da conferência coube a uma grande agência australiana de recrutamento e seleção. Ian, um dos convidados, era controlador de uma importante multinacional do setor de tecnologia bastante comentada na mídia, naquela época. Depois da conferência, ele se aproximou para me contar como o estresse quase destruíra sua vida.

Ian estava no auge da carreira. Ele tinha saido bem em todos os cargos que havia ocupado e seria o próximo na linha de sucessão para ser nomeado responsável financeiro. Era daquelas pessoas que sempre fizeram a coisa certa e tiveram uma vida calma. Com uma infância tranquila e estável, foi um aluno brilhante e veio a estudar Contabilidade e Comércio em uma boa universidade. Excelente estudante, foi contratado por uma respeitável firma de contabilidade. De lá, passou para a empresa em que trabalhava então, onde fez uma bela carreira, sempre se esforçando e recebendo bônus por seus sucessos.

Aos 26 anos, Ian se casou com outra profissional, a jovem Shari, ex-colega de universidade. Passados seis anos e à espera do segundo filho do casal, ele pensava em vender a bela casa que tinha e comprar outra maior. Shari era uma boa companheira, que tinha deixado o trabalho desde o nascimento do primeiro filho, Ben, então com 3 anos.

Apesar da vida aparentemente perfeita, Ian sentia que existia alguma coisa errada.

– Sofri um golpe quando a equipe de que fazia parte perdeu um grande cliente – ele contou. – Estávamos sob forte pressão e não nos dedicamos o suficiente a uma das áreas do serviço. Fiquei em evidência, mas pela primeira vez em razão de um fracasso. Não conseguia me concentrar no trabalho e, em casa, me irritava por qualquer bobagem.

Ian se tornou impaciente com Ben, e Shari comentou que ele a tratava fria e bruscamente.

– Como acreditava estar decepcionando a família, passei a ficar no trabalho até mais tarde – ele acrescentou.

Shari e Ian foram se afastando, exatamente quando deveriam estar unidos para receber o novo bebê.

Assustado, ele reparou que os prazos de entrega estavam lhe causando pânico e que ele estava evitando se comunicar com sua equipe.

Os colegas notaram que Ian chegava às reuniões distraído e mal preparado.

– Eu não parava de pensar no prejuízo que causara ao perder o cliente. Ficava remoendo o acontecido e não conseguia me concentrar no trabalho. Parei completamente. Minha autoestima caiu, e as tarefas que antes fazia com toda a facilidade passaram a me deixar atrapalhado.

Ao não encarar e superar o primeiro fracasso, Ian deixou que o acontecimento afetasse sua capacidade de trabalho e que as impressões negativas contaminassem outras áreas.

– Foi como um efeito dominó. Não conseguia sair daquele círculo vicioso de estresse e preocupação. Comecei a sucumbir – ele contou.

Ian reparou que, embora chegasse em casa exausto, não conseguia dormir. Semanas depois, com o nascimento do bebê, uma boa noite de sono ficou ainda mais difícil.

– Shari e eu parecíamos zumbis. Nenhum de nós tinha energia ou sensatez para encarar a situação e muito menos apoiar um ao outro.

Ele começou a ter dores de cabeça constantes e palpitações. Uma apreensão difusa pairava no ar. Passou a comer mal e a beber. Sentia-se tão cansado que abandonou os exercícios físicos. Envolvido em pensamentos, chegou a bater em um poste, enquanto estacionava o carro.

Ian sentia vergonha e tristeza pelo estresse, mas não conseguia se livrar dele.

A situação chegou ao auge quando ele sofreu um ataque de pânico durante um coquetel na sala da diretoria.

– Foi realmente constrangedor. Fiquei tonto, comecei a transpirar, empalideci, senti náuseas e meu coração disparou. Tive a impressão de estar à beira de um colapso. Embora não entendesse o que se passava, tentei continuar a conversar normalmente. Por sorte, minha secretária, que supervisionava os garçons, percebeu que eu não estava bem e inventou um telefonema urgente para me tirar dali.

Ian ficou bastante assustado e resolveu procurar um médico.

– O médico me repreendeu severamente, dizendo que eu não podia esperar mais: precisava descansar por algum tempo. Recomendou também que procurasse um terapeuta, o que realmente foi de grande ajuda.

O nascimento do segundo filho foi um bom motivo para o afastamento de que precisava, e Ian conseguiu seis semanas de licença.

– Percebi que tinha deixado o estresse roubar o que eu tinha de melhor, fazendo de um insucesso na profissão um problema tão grave que poderia destruir minha carreira. E como mais tarde descobri, conversando com minha mulher, poderia ter destruído nosso casamento.

Ian compreende que a experiência o fez crescer.

– Eu era um alto executivo, marido e pai que, no entanto, não sabia lidar com o fracasso. Não consegui entender e seguir adiante. Deixei que o estresse se transformasse em uma bola de neve incontrolável – ele concluiu.

O relato de Ian demonstra uma das mais importantes lições que precisamos aprender sobre encarar a adversidade. Assim como os problemas, o estresse é quase inevitável; o importante é a forma de lidar com ele.

SINAIS DE ALERTA QUANTO AO ESTRESSE

Em vez de ignorar os sinais de alerta quanto ao estresse, vamos manter vigilância. Quando estiver sob pressão, tenha em mente os indicadores que veremos a seguir. Se alguns deles se apresentarem ao mesmo tempo por um certo período, isso é sinal de perigo de estresse.

1. EMOÇÕES NEGATIVAS PERSISTENTES ASSOCIADAS A UM EVENTO, A CERTAS PESSOAS OU A UM DETERMINADO LUGAR.

Por exemplo: a ansiedade chega a lhe provocar náuseas nas vezes em que pensa no prazo final, a vencer na próxima semana, para a finalização de uma tarefa; nesse caso, você precisa encontrar um meio de neutralizar isso. No entanto, se a ansiedade for generalizada e você sentir um aperto na boca do estômago só de pensar no trabalho, quer dizer que os níveis de estresse associados à profissão estão altos demais.

2. ANSIEDADE OU ABORRECIMENTO EXAGERADOS POR QUESTÕES TRIVIAIS.

Uma reação exagerada a situações triviais indica que a linha de base do nível de estresse já está bastante alta. Explosões de raiva em uma pessoa normalmente equilibrada são um sinal seguro de estresse em alta.

3. DESCARGAS DE ADRENALINA DESAGRADÁVEIS E PERSISTENTES AO PENSAR EM DETERMINADOS INDIVÍDUOS, ACONTECIMENTOS OU SITUAÇÕES.

Descargas persistentes de adrenalina em resposta a certos acontecimentos e situações ou à presença de determinadas pessoas indicam que o estresse está afetando o sistema nervoso. Em um corpo sob estresse, as glândulas pituitária e suprarrenal secretam hormônios e outras substâncias químicas que circulam vigorosamente pelo organismo e o fazem trabalhar mais depressa. A adrenalina é uma dessas substâncias químicas. No entanto, tratando-se de uma ameaça emocional, e não física, não haveria necessidade de acelerar o trabalho do organismo, o que provoca desconforto. (Veja adiante o comentário sobre a resposta "lutar ou correr".)

4. SINTOMAS FÍSICOS GENERALIZADOS, INDICANDO QUE O CORPO COMEÇA A CEDER À PRESSÃO. ESTES SINTOMAS PODEM INCLUIR:

— palpitações
— taquicardia
— cólicas
— náuseas
— nervosismo

— falta de apetite
— acidez estomacal
— diarreia, prisão de ventre ou as duas situações
— rigidez muscular, em especial nos ombros e no pescoço
— falta de coordenação
— tremores
— respiração ofegante
— tonturas
— bocejos ou suspiros constantes
— choro fácil
— transpiração excessiva
— boca seca;
— problemas de pele, como eczemas e psoríase
— irregularidade menstrual ou dismenorreia
— falta de interesse sexual
— dor durante a relação sexual
— impotência
— enxaqueca e dor de cabeça
— falhas de memória
— ataques de pânico
— desordens do sistema imunológico, como gripes e resfriados constantes

Se você apresentar um, alguns ou todos os sintomas anteriores, isso quer dizer que os seus níveis de estresse podem estar muito altos, o que afeta a saúde. Não é preciso muito para que esses sintomas evoluam na direção de ataques cardíacos, úlceras, fadiga crônica ou mesmo câncer - e, certamente, depressão (veja o capítulo 11). Se isso acontecer, mais um problema será acrescentado aos que você já estiver enfrentando. Portanto, tome uma providência antes que seja tarde demais.

LUTAR OU CORRER

Quando o ser humano ainda estava no estágio do homem de Neanderthal, a resposta "lutar ou correr" era muito útil: significava fugir à perseguição de um mamute ou de um grupo hostil. Hoje em dia, serve para sair da frente de um carro ou escapar de um assaltante armado, por exemplo. O que acontece, porém, é a resposta "lutar ou correr" ser solicitada em situações nas quais não seria necessária. Preparar uma apresentação aos gerentes seniores na semana que vem não é o mesmo que abater a caça ou atacar o inimigo. Nem há necessidade de tal resposta na hora de fazer as contas dos impostos, do cartão de crédito e do empréstimo do banco – tudo ao mesmo tempo. E muito menos para discutir com a ex-esposa (ou o ex-marido) sobre as visitas aos filhos. Nesses casos, a resposta "lutar ou correr" pode atrapalhar.

As respostas físicas não sabem disso. O corpo, sentindo a ameaça, envia hormônios e substâncias químicas para todo o sistema. A evolução simplesmente não alcançou o século 21.

A resposta "lutar ou correr" é responsável por todos os sintomas do estresse. Felizmente, pode ser neutralizada – mas só à custa de muita prática e vigilância. Preste atenção ao seu nível de estresse, para não tornar a situação ainda pior.

COMO ALIVIAR O ESTRESSE, DE MODO A NÃO PIORAR AS COISAS

Existem algumas estratégias específicas para enfrentar o estresse:

- Identifique ideias e emoções infelizes e negativas assim que surgirem. Pare, pense e reformule o pensamento. Como o pensamento subjacente define as emoções, a emoção ou ideia será alterada.

Se eu, por exemplo, permitir que ideias negativas tomem conta da minha mente antes de subir ao palco – "Quem você pensa que é? Quem lhe dá o direito de dizer a alguém o que fazer? Como vai sair desta?" – é provável que faça uma apresentação medíocre. Se eu cortar a ideia negativa antes que provoque algum mal – "Quando subir ao palco, vou me lembrar dos aplausos da palestra anterior" – posso me apresentar confiante e capaz, ainda que sinta um friozinho na barriga.

- Observe e defina a verdadeira causa do estresse. Ao identificar o problema, você poderá enfrentá-lo, sem deixar que contamine outras áreas da vida.

Se puder, mude a situação. Depois de definir a causa o mais claramente possível, limite-a. Use a energia que vinha sendo consumida pelo estresse para buscar meios de se livrar do fator estressante. Isso talvez não facilite a solução do problema, mas, pelo menos, vai impedir que outras áreas da vida, estas satisfatórias, sejam contaminadas. Enfiar a cabeça na areia e permitir que tudo desmorone é uma atitude incoerente.

- Se for impossível mudar o panorama ou o problema, procure mudar a sua atitude diante dele.

Um bom exemplo do que estamos falando são os universitários diante das provas finais. A maioria fica um pouco estressada, e alguns se estressam ao máximo. É uma época difícil, porque se acredita que a classificação obtida vai definir por completo a vida do estudante. Na minha opinião, isso não passa de um mito. Em todas as empresas a que dou consultoria, ninguém se importa com notas. A única preocupação é com o que o funcionário pode realizar. Às vezes, uma nota baixa no exame final faz com que ele se esforce ainda mais para provar o quanto é bom.

Depois de uma de minhas aparições na televisão, recebi um e-mail de uma estudante – Emília – preocupada com suas notas baixas e com as chances de fazer um curso de Medicina. Sua capacidade de aprender fora prejudicada pelo medo de não conseguir o que queria, e ela estava perdendo a motivação.

Respondi que se concentrasse nas conseqüências. Não era questão de vida ou morte. Caso se saísse mal nos exames, ela teria várias opções: ficar arrasada, tentar novamente ou mudar de carreira. Teria apenas de estabelecer metas e lutar por elas.

Emília respondeu ao meu conselho com alívio: "É tão bom conversar com você! Estou bem mais calma agora e até melhorei nos estudos. Percebi que estava aceitando pressões e expectativas demais. Era isso que o atrapalhava!"

- Mude a sua atitude em relação aos erros do passado. Não se estresse pelo que já passou. Aprenda com os erros e vá em frente.

Sam não conseguia manter emprego nem relacionamento por muito tempo. Certa vez, depois de um seminário em Brisbane, ele me procurou para uma conversa sobre alguns temas que eu havia abordado. Ironicamente, o seminário era patrocinado pela empresa que ele pretendia deixar – acabara de pedir demissão – por não suportar o estresse do cargo.

Os problemas de Sam tinham começado seis anos antes, quando sua vida mudou para pior em todos os aspectos. Noivo daquela que pensava ser a mulher dos seus sonhos, descobriu que ela mantinha um relacionamento secreto com um de seus amigos mais chegados. E isso aconteceu da maneira mais desagradável: através de um telefonema anônimo avisando que a noiva, Sharon, podia ser encontrada na casa de seu amigo John e que os dois eram "mais que bons amigos". Sam pegou o carro e se dirigiu imediatamente para a casa daquele que, hoje, é seu ex-melhor amigo. Lá, encontrou os dois aos beijos na piscina.

– Nem é preciso dizer que, naquele momento, dois relacionamentos acabaram ao mesmo tempo – ele falou.

Na época, Sam também não ia muito bem profissionalmente. Ele era gerente de vendas de uma grande construtora que tinha acabado de passar por uma reestruturação. Com isso, as especificações de seu cargo sofreram alterações drásticas e, em vez de gerenciar uma força de trabalho pequena e coesa, ele tinha que atuar na área de marketing, o que o fazia se sentir desconfortável e despreparado.

– Era como se me dessem uma tarefa que me sabiam incapaz de cumprir, para que eu cometesse erros e lhes desse motivos para se livrarem de mim.

Os problemas pessoais de Sam dificultaram sua adaptação ao trabalho e, em um ambiente novo e mais agressivo, ele não recebeu nenhum gesto de simpatia nem a oferta de um período de afastamento para que pudesse elaborar o que tinha acontecido para ele. Assim, começou a cometer erros e a faltar ao trabalho por problemas de saúde.

– Eles pensaram que eu estivesse fingindo e, de certo modo, acho que estava mesmo. Eu me sentia mal, mas acredito que boa parte daquilo fosse fruto da minha cabeça em uma tentativa de fugir aos problemas.

Hoje, Sam reconhece que o rompimento do noivado teve um forte impacto sobre ele.

– Eu sentia raiva e pena de mim. Nas poucas ocasiões em que pensava com clareza, chegava a admitir que, provavelmente tinha contribuído para aquele desfecho, já que andava distante e preocupado com o trabalho. Minha esperança era que Sharon compreendesse, mas vejo que ela se desinteressou do relacionamento e partiu para outra.

Sam acabou aceitando uma oferta de indenização e deixou o emprego. Ficou mais de um ano sem trabalhar e se tornou retraído.

O emprego do qual acabara de pedir demissão quando nos conhecemos era o quarto em quatro anos. Ao mesmo tempo, não tivera outro relacionamento sério. Segundo contou, saía no máximo seis vezes com a mesma garota, desistindo "logo que começava a haver um verdadeiro interesse". Ao menor sinal de pressão, ele se lembrava da situação terrível ocorrida sete anos antes.

Sam estava consciente de ter um problema, só não conseguia definir qual era. Quando falei durante o seminário em se perdoar pelos erros cometidos e seguir adiante, ele se identificou com a ideia. Daí ter me procurado em seguida. Nós nos encontramos várias vezes e conversamos longamente sobre trabalho, relacionamentos e as atitudes de Sam. Ele chegou à conclusão de que estava dirigindo sua vida pelo espelho retrovisor, sem colocar as mãos no volante. Ao impedir que o perdão curasse suas feridas, remoendo os próprios erros e o sofrimento causado pelos erros alheios, ficava impossibilitado de prosseguir. Sugeri que ele perdoasse o que tinha de ser perdoado e seguisse em frente, senão estaria deixando que o passado definisse seu futuro. Ainda que durante algum tempo continuasse a sair com várias garotas – o que, certamente, não diminuía sua solidão – não seria interessante ficar trocando de emprego frequentemente, o currículo dele estava ficando movimentado demais.

Sam concordou em procurar um terapeuta que o ajudasse a se livrar do passado, e as coisas começaram a mudar rapidamente. Na última vez em que nos falamos, ele contou que estava trabalhando havia dois anos em uma construtora de médio porte e tinha mais ou menos o mesmo tempo de namoro com uma moça.

– Estou quase pronto para sossegar! Já voo mais alto! – ele disse ao telefone.

- Faça exercícios físicos regulares e encontre tempo para dedicar ao que lhe dá prazer.

É incrível a diferença que um pouco de ar puro e exercício podem fazer sobre os níveis de estresse. Afastar-se um pouco da situação estressante é um meio de pensar melhor, e o exercício é ótimo para aliviar a pressão. Deixe o aborrecimento e a frustração em uma quadra de squash ou academia de ginástica, em vez de voltar esses sentimentos contra você e contra os outros.

Praticar uma atividade prazerosa também ajuda a reduzir os níveis de estresse. Ir ao cinema ou se encontrar com amigos é muito bom para aliviar a tensão. Pense nisso como um intervalo. Quando retomamos à situação problemática depois de uma noite agradável, fica mais fácil entender o que se passa e encontrar uma solução.

CAPÍTULO 11

DEPRESSÃO – COMO LIDAR COM ELA

NESTE CAPÍTULO

▪ Como identificar a depressão? ▪ Depressão clínica ▪ A vazante vem antes da subida da maré ▪ Como lidar com a depressão? ▪ Lidando com a raiva reprimida ▪ Livrando-se da culpa e da amargura

Existem muitos fatores estressantes que, ao se acumularem ou permanecerem por longo tempo, trazem como consequência mais frequente a depressão, inclusive a depressão clínica. O deprimido se sente incapaz de controlar as emoções, podendo alimentar ideias suicidas ou se tornar irremediavelmente pessimista. As atividades normais parecem enfadonhas, e o único lugar seguro é a cama.

Se isso acontecer com você, procure um médico imediatamente. Se o desconforto causado por esses fatores se tornar uma preocupação constante, esse também é um motivo para ir ao médico.

Alguns indivíduos não apresentam exatamente uma depressão clínica, mas sofrem. Existe uma espécie de gradação da depressão, que pode se situar entre a depressão clínica, o mau humor e uma leve, mas persistente, melancolia. Se você estiver entre o mau humor e a melancolia, é possível que consiga superar a situação sem intervenção médica, mas é preciso vigilância constante.

COMO IDENTIFICAR A DEPRESSÃO?

A depressão, em geral, se reflete em alterações do comportamento. Se suspeitar de depressão em você ou em alguém com quem convive, observe estes sinais:

- desinteresse ou recusa em comparecer a reuniões sociais;
- insônia;
- aumento do consumo de álcool ou drogas;
- irritabilidade constante, em geral em desproporção à importância da causa;
- mau humor;
- sensibilidade exacerbada, principalmente a críticas pessoais.

Conforme já vimos, são sinais que justificam uma ida ao médico.

DEPRESSÃO CLÍNICA

Quando falo em depressão clínica, sei bem do que se trata, porque já tive e reconheço o quanto é incapacitante. Na depressão clínica, qualquer movimento positivo fica paralisado, o que pode ser destrutivo tanto para quem sofre quanto para quem está por perto. Se você quiser superar um problema grave que esteja atravessando, precisa primeiro tratar a depressão. Outro sério risco da depressão é o suicídio. Eu mesmo passei pela experiência de depressão e suicídio de pessoas próximas. Daí a seriedade e o cuidado com que trato do assunto.

O termo *Black Dog* (cachorro preto) foi empregado por Winston Churchill para descrever a depressão de que sofria, assim como acontece com outros indivíduos excepcionalmente criativos. Portanto, não se desespere. Sei que se trata de humor negro, mas você está em boa companhia!

Existem duas maneiras principais de lidar com a depressão clínica. A primeira é a psicoterapia, que envolve a ajuda de um profissional treinado. A segunda é a medicação. A maioria dos médicos recomenda combinar as duas abordagens. Tive a sorte de encontrar uma psicóloga excelente que me ajudou a entender o que se passava e a retomar a vida.

Comecei a perceber que precisava de ajuda na época em que me mudei do apartamento onde morava, em abril de 2001. Poucos dias depois, o domingo de Páscoa foi uma data que ficou marcada. Àquela altura, não tive mais como negar que tinha algo de errado comigo. Tudo – inclusive as tarefas mais simples – me parecia um fardo insuportável. O cansaço e a melancolia, que são marcas da depressão, me dominavam inteiramente. Foi depois desse período que decidi lidar construtivamente com meus problemas financeiros e tenho certeza que o tratamento me ajudou a fazer isso.

No domingo de Páscoa, durante a visita à família, contei todos os problemas emocionais e financeiros que vinha enfrentando. A reação foi de horror. Hoje percebo o motivo do choque que causei: meus parentes não faziam a menor ideia do que se passava comigo. Para eles, minha vida era um parque de diversões.

Ao sair, dirigi meu Bentley até uma região desabitada em torno dos terminais de petróleo, perto do aeroporto, e fiquei lá por umas três ou quatro horas. Meu pensamento era: "Se não tiver o apoio deles, o que vou fazer?" Sabia que estava desmoronando e me perguntei aonde tudo aquilo iria chegar. Uma voz interior repetia: "Isto não pode estar acontecendo comigo. Como minha vida caiu neste redemoinho?" Parecia que, apenas um minuto atrás, eu estava no auge da carreira, ganhando muito dinheiro, com um livro no primeiro lugar da lista dos mais vendidos, vivendo em um belo apartamento com vista para a Sydney Opera House – e pensando que nada poderia mudar esse quadro.

Mas perdi tudo. Tinha apenas 285 dólares em dinheiro e estava morando em Weet-Bix. O Bentley ia ser vendido. Mas a perda mais importante foi a da auto-estima. Cinco anos antes, eu tinha escrito *Você Pode!*, em que apontava o sofrimento como um meio de formação de gente forte e poderosa. O que eu não sabia na época era o quanto ainda seria posto à prova pela vida e como precisaria aplicar aqueles ensinamentos a mim mesmo. O longo e triste período de problemas financeiros que atravessei foi uma das experiências mais dolorosas da minha existência.

A VAZANTE VEM ANTES DA SUBIDA DA MARÉ

A tarde do domingo de Páscoa de 2001 marcou a culminância de dois anos de reveses que eu não conhecia. No início, pensei que fosse conseguir administrar as dificuldades, porque ainda recebia convites para palestras e tinha acabado de lançar meu quarto livro. Hoje sei que a letargia, o mal-estar e as alterações de humor eram sinais de alerta da depressão.

Embora me percebesse cada vez mais desanimado, sempre acreditei que, quando subisse ao palco, minha atitude positiva se manifestaria. A qualidade das minhas palestras não caiu: eu tinha toda a energia necessária às apresentações. Aparentemente, estava tudo bem. Mas, quando acordava às 3 da manhã, não conseguia mais dormir pensando sem parar nos problemas (um forte indicador de depressão). Fiquei física e emocionalmente exausto. A situação cada vez pior criava um pesadelo vivo.

Para mim, foi muito difícil aceitar que estivesse sofrendo de depressão. Sempre me considerei uma pessoa positiva, capaz de ver um lado bom em tudo. Acredito que seja isso o que atrai os meus clientes, tanto em palestras como em conversas individuais. Naquela época, porém, fiquei sujeito a crises incontroláveis de choro. No começo, chorava apenas quando estava cansado ou triste, mas foi piorando: as lágrimas brotavam a qualquer hora, sem aviso.

Eu me lembrava claramente de quando, aos 14 anos, perdi meu pai e pensava como os reveses tanto podem trazer à tona o que as pessoas têm de melhor, quanto suas fraquezas. No meu caso, voltei a sofrer da mesma vulnerabilidade, do mesmo medo e isolamento da adolescência, só que aos 40 anos. O desânimo me dominou. Eu me sentia impotente diante dos problemas, e a solidão era terrível, porque não queria dividi-los com ninguém.

O tempo todo, eu procurava encontrar forças. Prometi a mim mesmo que jamais esqueceria aquele sofrimento, pois sabia que assim compreenderia melhor o sofrimento alheio. O tempo todo, uma vozinha dentro de mim dizia: "Aguente firme. Não desista." A voz também dizia frases curtas e positivas, como: "A vazante vem antes da subida da maré" e outras afirmações poderosas que usei no início da carreira; elas voltavam para me salvar.

Foi então que concluí: eu precisava de ajuda. Para minha surpresa, não encontrei um só grupo de apoio para homens. Durante minha estada nos hotéis, aproveitei para procurar um profissional especializado no atendimento a homens. E nada. No meu caso, era uma crise na carreira, mas quantos não estariam enfrentando questões pessoais, como divórcio?

Depois de algumas tentativas, cheguei a uma psicóloga que me inspirou confiança. Quando se trata de um problema grave como a depressão, é preciso buscar tratamento com a pessoa certa. A psicóloga me ajudou a superar todos os estágios de tristeza que descrevi no capítulo 8 e a encontrar uma saída.

COMO LIDAR COM A DEPRESSÃO?

Como já vimos, a depressão tem muitas faces e vários níveis, desde a melancolia até a forma mais séria, que exige tratamento clínico. A seguir, veja algumas sugestões que farão você se sentir melhor. São também ideias úteis para aqueles que fazem uso de antidepressivos, que temem ceder à depressão ou que andam meio "para baixo" por causa dos problemas.

- Cuidado com o açúcar, pois pode neutralizar os efeitos benéficos de hormônios e minerais.
- Substitua as bebidas que contenham cafeína, como o chá-mate e o café, por outros tipos de chás. Os de camomila e verbena acalmam, e o de hortelã melhora o ânimo.
- Tome suplementos à base de cálcio e magnésio, facilmente encontrados em forma de comprimidos. O cálcio ingerido antes de deitar ajuda a ter uma boa noite de sono.
- O triptofano tem efeito similar ao do cálcio – ajuda a relaxar e diminui a insônia. Como o cálcio, está presente no leite (daí a vantagem de tomar um copo de leite morno ao deitar) e no queijo.
- Outro recurso para melhorar o sono é tomar maracujá e valeriana em comprimidos, encontrados nas boas lojas especializadas.
- Para aqueles que NÃO fazem uso de medicação antidepressiva, comprimidos de erva-de-são joão aliviam o estresse naturalmente.

Podem ser encontrados em lojas de produtos naturais, e devem ser tomados conforme a indicação da embalagem. Não custa repetir que a erva-de-são-joão NÃO deve ser combinada com antidepressivos.

- Tome um suplemento de vitamina B, para fortalecer o sistema nervoso.
- O ginseng é outro suplemento voltado para o alívio da ansiedade, pois melhora a energia e a vitalidade, em especial em períodos de estresse.
- Faça algum tipo de exercício. (Para mais detalhes, veja o capítulo 13.)

LIDANDO COM A RAIVA REPRIMIDA

A depressão, com frequência, serve de fachada para outros sentimentos que estejam reprimidos, sendo a raiva um dos mais comuns. Já vimos que a raiva pode ser um dos estágios do processo de tristeza (veja o capítulo 8). Também já vimos que a raiva não trabalhada pode levar à depressão. Lembre que a raiva não precisa ser explosiva, e tem várias maneiras de se expressar, ainda que não haja sinal de depressão: frustração, mau humor, lamentação, isolamento, impaciência e ressentimento, por exemplo. No entanto, existem meios mais efetivos e saudáveis de fazer isso, como veremos mais tarde.

Alguns indivíduos têm incrível dificuldade de expressar sua raiva, especialmente quando percebem que é gratuita – e ainda mais quando é dirigida a eles mesmos. Esses dois bloqueios têm grandes ramificações para aqueles que estejam passando por problemas: se culparem o mundo em geral pela situação em que se encontram ou a si mesmos pelos erros que cometeram, correm o risco de interiorizar a raiva e serem envenenados por ela. Daí podem surgir comportamentos destrutivos, como dependências, agressão passiva ou ativa (veja meu relato sobre uma discussão no trânsito, no capítulo 8) e o papel de vítima. A raiva interiorizada também pode se transformar em depressão grave.

Existem duas providências cruciais a tomar, para impedir que da raiva surja uma depressão incapacitante. A primeira é estabelecer limites com clareza e assertividade. Pode ser difícil usar de assertividade e frieza, quando a auto-estima parece ter sido atacada por todos os lados, mas essa é a maneira de melhorar o estado emocional, ainda que se tenha a impressão de sofrer a oposição do mundo inteiro. Lembre que assertividade não quer dizer agressividade.

- Estabeleça limites em relação ao que espera dos outros.
- Quando alguém invadir os seus limites, diga isso delicadamente, mas com firmeza.
- Ao demonstrar consideração pelas necessidades alheias, seja firme acerca das suas necessidades.
- Pratique como definir e comunicar as suas necessidades de modo claro e construtivo.
- Assuma a responsabilidade pelos seus sentimentos e se lembre de não assumir a responsabilidade pelos sentimentos alheios.
- Não tente manipular pessoas ou situações, para ter suas necessidades satisfeitas – e isso inclui praticar a agressão passiva, fazer-se de vítima ou se isolar.
- Não intimide nem pratique a tirania para atender às suas necessidades, você conquistará mais respeito se respeitar os outros.

LIVRANDO-SE DA CULPA E DA AMARGURA

Talvez você tenha errado, por tolice ou inexperiência. Talvez tenham explorado você, abusado da sua confiança ou destruído a sua autoestima. Você rompeu com o amor da sua vida, fracassou em um exame, teve de vender a casa, ou está passando por um processo doloroso de divórcio.

Vai haver um momento em que será preciso analisar a situação. De quem é a culpa? Dele? Dela? Sua? Acusações e críticas fazem parte do processo de entendimento do que aconteceu. No entanto, se você quer se recuperar, em vez de mergulhar na amargura ou talvez na depressão, precisa deixar de acusar. O perdão é etapa essencial para a recuperação da autoestima (veja o capítulo 6).

Já perdi a conta de quantas pessoas vi envenenarem suas vidas depois de um acontecimento negativo, por se apegarem à culpa e à recriminação. Elas ficam remoendo o que aconteceu e deixam que isso determine seu futuro. A amargura passa a ser o elemento comum em todas as suas interações com o mundo. São pessoas que definham, em vez de crescer, com a adversidade.

A vida nem sempre é justa. Em algum momento, todo ser humano se vê diante desse fato, é parte essencial de um amadurecimento saudável. Não existe um roteiro. Resumindo: não podemos controlar tudo o que acontece. O que podemos fazer é planejar da melhor maneira possível, visando ao resultado desejado. A vida não é um campo de jogos. A verdade pode ser feia. Os ideais raramente se concretizam. Se aceitar esses fatos, vai ser mais fácil se livrar da culpa e da amargura, desenvolvendo uma visão de mundo que seja mais realista e flexível – o que, em última análise, vai capacitar você a ser mais feliz.

Essa é uma lição especialmente importante para aqueles que pretendem ser invencíveis e controlar o mundo. É difícil aceitar a imperfeição. Não existem verdades absolutas. A autocensura pode ser incapacitante, pois impede que deixemos para trás sentimentos de inadequação e incerteza, levando ao pessimismo. Ser pessimista é voar baixo. Livre-se da culpa e da amargura e vai poder estabelecer metas mais ambiciosas – e ter muito mais chance de alcançá-las.

Capítulo 12

UM PASSO DE CADA VEZ – FUI SALVO PELA DEFINIÇÃO DE METAS

NESTE CAPÍTULO

▪ Andar, andar, andar ▪ Um passo de cada vez ▪ A importância de definir metas ▪ Por que é preciso definir metas? ▪ A correção da altitude mostra o caminho ▪ O processo de definição de metas

Poucos meses depois do acidente, mudei de casa. A vida começava a se normalizar, mas ainda sentia bastante dor. Eu sabia que voltaria a andar como antes, mas precisaria de tempo e exercício.

Nos tempos de escola, esporte e exercícios nunca foram meus pontos fortes e, pelo que me lembro, sempre vivi lutando contra a balança. Na situação em que estava, passava a maior parte do dia sentado, descansando, assistindo à televisão ou escrevendo o início deste livro. Com pouca atividade e muita comida, comecei a ganhar peso. Eu tinha uma sensação de *dejà vu*. Como havia acontecido antes, os quilos se acumulariam até eu estar pesado demais. As roupas apertadas me faziam sentir ainda pior.

Acredito que todo mundo sabe o que engorda, o que não engorda, o que é saudável e o que não é. Desde criança adoro doces, e como morava em cima da mercearia administrada pela família, sempre tinha gulodices tentadoras à minha disposição. Os maus hábitos alimentares, obviamente, não desaparecem de uma hora para outra quando se cresce; por isso, até hoje luto para controlar o impulso de comer aqueles chocolates que vejo na loja de conveniência do posto de gasolina toda vez que encho o tanque. Na maioria da vezes, consigo. Só caio em tentação quando estou triste ou aborrecido.

ANDAR, ANDAR, ANDAR

Na minha opinião, não existe mágica para emagrecer. Quando caminho duas vezes por dia, de seis a oito quilômetros de cada vez, perco todo o excesso de peso, quando caminho apenas uma vez por dia, a perda não é tão expressiva e, quando deixo de caminhar, os quilos vão voltando, um por um.

Na época em que fui morar em Eastern Suburbs, logo depois do acidente, comecei a engordar e tive que tomar uma providência: começar a caminhar, um passo de cada vez. No início, não foi tão difícil, já que eu evitava forçar, com medo de me prejudicar e precisar voltar ao hospital.

A Rua Dumaresq, no bairro de Vaucluse, ficou marcada para mim. Ao chegar lá, começava a sentir dor e tinha que voltar para o apartamento. A Rua Dumaresq é o início do trecho conhecido em Sydney como "Colina Heartbreak" – a parte mais difícil da corrida que ali acontece todo mês de agosto. Ao me aproximar daquele ponto, uma vozinha dentro de mim dizia: "Pronto, Paul, vai começar a doer. É melhor voltar." Certa manhã, porém, decidi que não voltaria: ia andar um pouco mais – até a escola Rose Bay, em Kincoppal, que seria minha nova meta. Com o passar das semanas, fui aumentando a distância um pouco a cada dia até alcançar o parque Nielsen, uma das mais populares enseadas de Sydney.

Decorridos alguns meses, percebi que tinha conseguido completar um circuito de oito quilômetros em torno de Vaucluse, até Rose Bay. Foi maravilhoso, porque perdi peso e porque venci grandes barreiras mentais e físicas.

UM PASSO DE CADA VEZ

Sempre vi o sucesso do mesmo modo como vejo minha subida pela Colina Heartbreak: um passo de cada vez. Pode parecer fácil, mas caminhar e me desafiar a ir além foi uma das batalhas mais difíceis que já travei. A dificuldade não estava apenas em lidar com o trauma físico, mas em enfrentar os desafios mentais que me dominavam, questionando minha decisão de dar mais um passo. Era uma voz negativa que chegava a mil por hora, dizendo coisas, como: "E se você tropeçar?" ou "E se deslocar as costas e precisar voltar para o hospital? Vai ter que começar tudo de novo!"

No momento em que escrevo estas palavras, já se passaram dois anos do acidente, mas as lembranças continuam vivas. A ferida na perna somente agora começa a fechar, e coça muito – o mesmo que relatam os sobreviventes das explosões de Bali sobre suas queimaduras. Segundo me explicaram, isso é normal e acontece porque os nervos estão se interligando novamente. Incrível, não?

Toda vez que me deito ou entro em um carro, a pouca flexibilidade e a dificuldade de girar o corpo me lembram de que um dia fraturei algumas vértebras. Em termos médicos, desenvolvi uma falta de rotação. Mas estou aqui, quase inteiramente recuperado, embora com algumas cicatrizes de batalha. Tenho orgulho delas, são a prova de que venci!

A IMPORTÂNCIA DE DEFINIR METAS

Como se pode ver pela minha história, a definição de metas é ABSOLUTAMENTE INDISPENSÁVEL para quem quer que tenha sofrido um revés. Talvez seja essa a melhor maneira de seguir em frente.

Faz pouco tempo, uma cliente me falou da importância de definir metas e se manter fiel a elas, ainda que tudo pareça perdido. Essa mulher perdeu tudo ao ser enganada pelo marido, que fugiu: não contente em arruinar os negócios e esbanjar o patrimônio do casal, ele foi embora com uma nova namorada. Minhas ideias sobre definir metas depois de sofrer um "baque" se encaixaram perfeitamente na história de Natasha – era esse o seu nome. Ela conversou comigo depois de uma palestra em Perth e me contou o infortúnio – e o sucesso dela.

Natasha se viu sem dinheiro e sem marido. Foi obrigada a vender a casa para pagar a conta do cartão de crédito que tinha com ele. Conseguiu manter apenas o carro, um adorável Mercedes-Benz vermelho.

– Eu estava determinada a ficar com o carro. Não que eu seja uma apreciadora de carros, mas aquele era um símbolo da minha autoestima – ela disse.

Antes de se casar, Natasha administrava uma bem-sucedida empresa que importava da Europa Oriental para a Austrália belos artigos para presente. Filha de imigrantes russos, ela falava fluentemente o idioma dos pais e tinha conhecido o marido – que era tcheco – no meio comercial. Logo no início do relacionamento, ele prometera abrir para ela as portas da Europa, conquistando novos mercados. Os dois se visitaram, e ele procurou impressioná-la com "seus" depósitos de mercadorias e com jantares regados a bons vinhos em restaurantes caros.

Natasha não somente acreditou nele, ela também se apaixonou. Em um ano, estavam casados. Por sugestão dele, que prometeu acrescentar à empresa novos recursos e seu conhecimento do mercado tcheco, passaram a trabalhar juntos na Austrália. Mais tarde, ele a convenceu de que deveria se afastar, ficar apenas como dona de casa e deixar toda a parte administrativa nas mãos dele. Na verdade, Natasha estava nas mãos dele.

– Em pouco tempo, ficou claro que não passava de um vigarista. Somente eu não enxerguei. Demorei uns três anos para perceber – ela contou.

Enquanto isso, Natasha fez de tudo para engravidar, o que não aconteceu. Quando se separaram, ela ficou sabendo por quê: ele tinha feito vasectomia anos antes; só não havia contado para ela, para que "não se decepcionasse"!

Em poucas palavras: Natasha se recusou a enxergar o que era óbvio e pagou um alto preço por isso, como acontece com todos os que fazem o mesmo. O marido a espoliou sistematicamente: acabou com a casa, com os negócios, com o patrimônio. Então, encontrou outra mulher e foi embora.

– No começo, eu lamentei. Mas hoje quero que ela faça bom proveito!

Os primeiros meses depois do rompimento foram terríveis. Ela ficou triste e se desinteressou da vida. Vendeu a casa para pagar as dívidas. E engordou. Então, veio a gota-d'água: a empresa financeira quis retomar o carro.

– De repente, o carro se tornou importante. A possibilidade de perdê-lo me incentivou a agir.

No dia seguinte, Natasha fez um balanço da situação. Apesar do medo que sentia de mergulhar no problema, sabia que precisava conhecer o terreno onde estava pisando, para poder planejar o movimento seguinte. Analisou a si mesma, os negócios, a vida. Concluiu que se recomeçasse, depois de tudo o que tinha aprendido, seria capaz de ganhar dinheiro rapidamente e assim pagar as últimas dívidas.

Então, começou a se observar e não gostou do que viu.

– Eu estava gorda, malcuidada e amargurada – disse.

Depois de definir algumas metas a longo e curto prazos para os negócios e as finanças, estabeleceu objetivos para si mesma e para a vida pessoal. O primeiro deles: perder peso.

– Era realmente importante, para que me sentisse bem comigo mesma. Sem isso, não poderia começar a me relacionar com outra pessoa.

Natasha começou a fazer caminhadas de uma hora por dia. Depois de perder alguns quilos, sentiu disposição de voltar a correr, o que fazia regularmente no passado.

– O mais interessante não foi a perda de peso, isso foi muito bom, mas eu sabia que ia acontecer. Teve outra vantagem: as caminhadas e corridas eram como uma metáfora para o que me acontecia na vida. Às vezes, ficava difícil levantar da cama de manhã, sem saber como resolver os problemas e pagar as dívidas. Andando e correndo, porém, eu me lembrava da força das metas. É colocando um pé na frente do outro que se chega a algum lugar. E é para isso que servem as metas.

Atualmente, Natasha administra uma empresa pequena, mas bem-sucedida, comprou uma casa, acaba de investir em outro imóvel e acredita ter afinal encontrado "o homem certo".

– Mas não quero que ele saiba disso ainda – concluiu com um sorriso.

A definição de metas é um conceito que já foi exaustivamente estudado, mas pode ser resumido em alguns aspectos simples.

POR QUE É PRECISO DEFINIR METAS?

A melhor maneira de ter uma visão da definição de metas é se imaginar voando em um 747. Sei que muita gente se identifica com esse exemplo porque, há mais ou menos quinze anos, eu o emprego quase que diariamente e a resposta que recebo é sempre positiva. Essencialmente, é isto: imagine que você esteja viajando em um 747 a 10 mil metros de altitude e outro 747 passe em sentido contrário à mesma altura. Se olhar pela janela, vai conseguir ver o outro avião? A resposta da maioria é: "com certeza".

A pergunta seguinte é semelhante, mas indica aonde quero chegar quando falo em definição de metas. Se, uma hora mais tarde, o seu avião ainda estiver voando a 10 mil metros de altitude e passar em sentido contrário outro 747, este a 15 mil metros de altitude, você vai conseguir vê-lo? Dessa vez, quase todos respondem que "não", porque não poderiam ver algo que passa a cinco quilômetros de distância.

Depois de um revés importante na vida, é comum voarmos a uma baixa altitude e não conseguirmos ver o que se passa acima. Lembre-se de que não estamos fazendo julgamento, estamos apenas considerando os fatos, de modo a seguir adiante.

A CORREÇÃO DA ALTITUDE MOSTRA O CAMINHO

A parte da definição de metas de que mais gosto é aquela em que você decide voar mais alto e uma espécie de mágica acontece: o meio de elevar a altitude surge diante dos seus olhos. Uma das frases que mais uso em minhas palestras é esta: "Depois de definir claramente a meta, você descobre como alcançá-la."

Isso me foi explicado por um famoso tenista que, certa vez, me disse:

– Você não se convence de que é um astro do tênis quando vence o torneio de Wimbledon. Primeiro, você precisa acreditar que ganhou; depois, você consegue.

Como qualquer outra meta.

O que vou aconselhar você a fazer compreende três aspectos essenciais: tempo, ideia e um lugar para escrever. Vamos analisar quem e o que você é e onde está: um inventário completo da sua vida neste instante. Vamos percorrer uma lista de perguntas que você precisa se fazer. No fim do processo, você deve ser capaz de se concentrar no que for realmente importante. Então, vou lançar um desafio: olhe para a próxima fase da sua vida. Finalmente, vou incentivar você a definir metas a curto e longo prazos e a organizar um cronograma.

O PROCESSO DE DEFINIÇÃO DE METAS

1. Pegue uma folha de papel e trace duas colunas. De um lado, escreva PONTOS FORTES, do outro, PONTOS FRACOS. Em seguida organize uma lista das suas qualidades e fraquezas. Lembre-se de que, se estiver com a autoestima em baixa, a sua tendência será se avaliar com mais rigor. Não se esqueça das suas qualidades!

Em um segundo momento, pode ser que você queira listar as suas qualidades e fraquezas em diferentes áreas – relacionamento, negócios, amizade e saúde, por exemplo. Assim, estará facilitando o processo de definição de metas, quando será necessário identificar as áreas problemáticas.

EXEMPLO:

Pontos Fortes	Pontos Fracos
Empreendedorismo	Detesta compromissos com hora marcada.
Facilidade em estabelecer relacionamentos	Mau uso do tempo
Facilidade em perceber o panorama geral	Impaciência com detalhes
Facilidade em comunicar-se individualmente	Evita reuniões e enfrentamentos

Dê especial atenção às características que contribuíram para os seus problemas e veja como se encaixam no panorama geral.

2. Pegue outra folha de papel e, novamente, trace duas colunas. Na primeira, escreva SATISFATÓRIO, na segunda, INSATISFATÓRIO. Depois, elabore uma lista do que considera agradável na sua vida e outra do que não lhe agrada. Mais uma vez, a lista pode ser desdobrada pelas áreas mencionadas: relacionamento, negócios, amizade, saúde e até vida espiritual.

Agora, vou pedir que faça mais duas coisas. Primeiro, sob cada título, escreva uma frase que descreva o porquê de você considerar cada aspecto satisfatório ou não. Se, por exemplo, o relacionamento com o(a) companheiro(a) não estiver bem, explique. Assim, você pode apontar "problemas com Sharon" – falta de comunicação ou excesso de conflitos. Ou, então, "gosto das aulas de tênis" – me dão energia e me fazem esquecer os problemas por uma hora. A esta altura, talvez dê para perceber que existe um padrão ou, pelo menos, você conseguirá ver mais claramente o que se passa.

Como terceira tarefa, atribua a cada aspecto positivo ou negativo um conceito entre uma e cinco estrelas. Em outras palavras: estabeleça prioridades. O que é pior: os problemas no casamento ou o constante mau humor do chefe? As aulas de tênis podem ser mais agradáveis do que passar uma hora religiosamente, uma vez por semana, conferindo a contabilidade. Ou não.

EXEMPLO:

Satisfatório	Insatisfatório
Saúde:	Saúde:
Exercícios diários com um personal trainer, essenciais para programa de manutenção do peso e para "desligar" dos problemas	Consumo de alimentos gordurosos, em especial quando sob pressão ou cumprindo jornada de trabalho intensa; contribui para a elevação dos níveis de colesterol
Café da manhã saudável	Sono insuficiente – de cinco a seis horas
Consumo regular de vitaminas	Não-aplicação diária de filtro solar

3. Em nova folha de papel, trace TRÊS colunas. (Se costuma escrever muito, pegue três folhas.) Na primeira, copie todos os itens insatisfatórios da segunda etapa, organizando-os em ordem decrescente de prioridade, de cima para baixo.

Na segunda coluna, faça uma breve descrição de COMO GOSTARIA QUE FOSSEM ESSAS ÁREAS. Empregue toda a sua confiança e energia, pois disso vai depender a correção de sua "altitude de cruzeiro".

Na terceira coluna (ou na terceira folha), escreva o que considera necessário para PREENCHER A LACUNA que separa o que acontece do que você gostaria que acontecesse.

4. A parte seguinte envolve a identificação de barreiras e obstáculos para o sucesso. É uma parte crítica do processo, porque será difícil agir, se barreiras e obstáculos não forem afastados. E ação é componente essencial para um plano de definição de metas!

Pegue mais uma folha em branco e a divida em duas colunas. Tendo em mente a terceira coluna ou folha que acabou de completar na terceira etapa, escreva na primeira coluna o que você considera OBSTÁCULOS à concretização dos seus desejos. Seja bastante específico.

Na outra coluna, anote o que acredita que deve ser feito para mudar a situação. Se não souber, escreva: NECESSÁRIO PESQUISAR. Em relação a esses itens, você deve buscar conselhos e informações. Anote o tipo de pesquisa que deve fazer.

Nesta etapa, talvez você queira listar bens materiais que ainda não possui – uma impressora ou uma central telefônica para a sua empresa, por exemplo. Tudo isso custa dinheiro, que pode não estar disponível no momento. Ao identificar e priorizar as dificuldades, porém, você consegue distribuir os recursos, de modo a atender às necessidades.

Com frequência, o simples exame dos problemas conduz a uma solução criativa ou favorece a visão de novas abordagens.

5. A etapa seguinte vai além da superfície. Pegue mais uma folha de papel e, novamente, trace duas colunas. No alto da primeira, escreva MEDOS. No alto da segunda, escreva CONVERSA INTERIOR NEGATIVA. Para aqueles que estão em luta pelo restabelecimento da autoestima depois de um revés, esta pode ser uma parte bastante esclarecedora. Daí a importância de se cumprir esta etapa neste ponto do processo, e não no início, quando talvez causasse um certo desânimo. Pode ser que você tenha muito o que escrever e se surpreenda. Passar para o papel (de modo que só os seus olhos vejam) é um grande passo na direção do entendimento. Existe outra razão para que esta seja a última etapa antes da definição das metas: os medos e a conversa interior negativa têm a força que você permite.

Pense na luta de guerrilha. Essas ideias só têm poder porque "batem e fogem" ou atacam disfarçadamente. Quando expostas, não passam de um bando esfarrapado – sem a disciplina, o treinamento e o poder de fogo que você tem!

6. Chegou a hora de definir concretamente algumas metas. Os critérios para a definição de metas realistas, executáveis, são quatro:

Primeiro: detalhes. Certifique-se de compreender a meta que está definindo. Visualize-a. Viva-a. Projete-se no tempo e imagine a meta já atingida. Todas essas táticas ajudam a perceber e consolidar o seu desejo, bem como o seu compromisso. Quanto mais você enriquecer a sua meta com detalhes, melhor.

Segundo: cronograma. É de enorme importância fazer uma previsão realista do período de tempo até a concretização da meta definida. Os detalhes que você analisou ajudam a projetar uma estrutura de tempo plausível.

Terceiro: passo a passo. Roma não foi feita em um só dia! Ao definir as metas e os prazos, pense em desdobramentos. Claro que não deve perder de vista o grande plano, mas as palavras de Natasha são sábias: "É colocando um pé na frente do outro que se chega a algum lugar." Desdobre as metas em pequenos alvos realizáveis. Assim, você mantém e melhora a autoestima, e cada sucesso se soma ao anterior.

Avanços pequenos e frequentes também são bons para manter o foco. Quando as metas e os avanços são avaliados regularmente, fica mais fácil seguir em frente. A disciplina inerente à elaboração de um plano e à obediência a ele fazem com que os movimentos diários na direção da meta a ser alcançada pareçam mais leves, sem a conotação de um esforço hercúleo.

Quarto: recompensa. Se dá certo com crianças e com altos executivos, também vai dar certo com você. Sempre que alcançar um dos seus pequenos alvos, comemore! Pode ser algo simples, como uma refeição deliciosa ou uma tarde de folga passada ao sol. O ideal é que o sistema de recompensas seja definido no mesmo tempo em que as metas. Pense nisso e saboreie antecipadamente a sua recompensa quando atingir o próximo alvo!

7. Depois de se observar atentamente, usando de honestidade absoluta, e rever o que escreveu, é hora de definir as verdadeiras metas. Para que isso seja feito adequadamente, pense como se fosse a cotação do preço de um produto: anote as especificações com todos os detalhes práticos e realistas; depois, com base nas anotações, estabeleça um prazo final para a realização. Em vez de cotar o preço, determine a "cotação" da sua recompensa. Quanto mais ambicioso o objetivo, mais detalhadas as especificações, mais extenso o período de tempo e mais alta a "cotação".

8. Tendo se exercitado no processo de definição de metas, quero que você faça mais uma coisa: sonhar alto. Pegue uma última folha de papel e escreva o que acontece nos seus sonhos mais ambiciosos – na vida profissional, nos relacionamentos e em todas as outras áreas. Essas serão as metas finais e servirão para manter a sua altitude de cruzeiro o mais elevada possível.

Capítulo 13

A SAÚDE É O SEU MAIOR BEM

NESTE CAPÍTULO

■ Alguns dos indicadores mais comuns de uma dieta desequilibrada ■ Perigos da má alimentação ■ As regras ■ Drogas – más notícias ■ Os benefícios dos exercícios físicos praticados regularmente ■ Tempo para pensar ■ A recuperação depois de um ataque cardíaco ■ Os benefícios da meditação ■ Outras ideias além da meditação ■ Afirmações e visualizações

Você já sabe como cheguei à conclusão de que a saúde é nosso bem mais importante. Quando o indivíduo sofre um revés, a saúde pode sofrer também. O estresse é capaz de criar novos desafios para o corpo, fazendo surgir um comportamento pouco saudável, que deve ser combatido.

A elaboração de técnicas e estratégias para a reestruturação da vida exige muita energia cerebral, além de resistência física e mental. A alimentação e o cuidado com o corpo serão mais importantes do que nunca. Imagine-se treinando para uma maratona, porque é exatamente assim que o processo deve ser visto, e é preciso estar nas melhores condições possíveis. Ceder à má alimentação, ao estresse e à dependência química é uma atitude que em nada ajuda quem pretende correr 42 quilômetros (ainda que metaforicamente).

Muita gente costuma comer demais – em geral, alimentos pouco saudáveis – como meio de combater o estresse e a tristeza. Outras pessoas, porém, perdem o apetite e emagrecem terrivelmente. Nenhuma das duas reações é boa para a saúde, nem fornece a força necessária para enfrentar situações difíceis. O que muitos não compreendem é que, quando se alimenta o corpo, alimenta-se também a mente. Todos conhecemos crianças "dependentes" de açúcar, por exemplo. Elas, em geral, apresentam distúrbios de comportamento ou dificuldades de aprendizagem, porque o cérebro não recebe alimentação adequada. O mesmo se aplica aos adultos. Embora não nos entreguemos ao consumo exagerado de açúcar, por medo de engordar, recorremos a ele em busca de energia por um curto período de tempo. Isso realmente acontece, mas a longo prazo deixa o organismo fraco e esgotado.

O estresse também intensifica a sensação de cansaço do corpo e do cérebro, o que exige um cuidado ainda maior com a alimentação. Perceba que maus hábitos alimentares (comer demais os alimentos errados ou comer de menos, que podem se tornar o padrão), que não teriam tanta importância no fluxo normal da vida, não podem ser tolerados na presença do estresse, quando o corpo e a mente ficam mais vulneráveis.

ALGUNS DOS INDICADORES MAIS COMUNS DE UMA DIETA DESEQUILIBRADA

Observe estes sinais. Eles indicam que a pessoa não se cuida como deveria.

- Falta de energia
- Consumo de café para reanimar
- Alimentação irregular
- Consumo apressado de comidas não nutritivas
- Pele escamosa, áspera ou sujeita a espinhas
- Olheiras, mesmo com horas de sono suficientes
- Unhas quebradiças
- Cabelo fraco e sem brilho
- Acidez estomacal e problemas intestinais
- Cintura cada vez mais grossa
- Grandes quantias gastas em comida entregue em casa
- Acordar com sensação de cansaço
- Barriga volumosa
- Irritabilidade e alterações de humor
- Recusa em tomar café da manhã

PERIGOS DA MÁ ALIMENTAÇÃO

Quando deixamos que os maus hábitos alimentares se instalem, as consequências assumem diversas formas. Veja algumas:

- Níveis mais baixos de energia
- Dificuldade de raciocínio nos momentos de maior necessidade
- Vulnerabilidade ao estresse
- Vulnerabilidade a doenças
- Sono agitado ou interrompido, instalando um ciclo de exaustão
- Má digestão, azia e cólicas

– Piora da aparência

– Alterações drásticas de humor conforme o nível de açúcar no sangue

– Irritação provocada pela fome

– Cansaço e preguiça provocados pelo excesso de comida

Comer bem é essencial em todas as situações, mas quando estamos sob pressão é mais importante ainda.

Em meu livro *Acredite! Você pode*, descrevo em detalhes minha relação com a dieta e o exercício físico. Quando me vi na televisão, em uma participação que fiz no programa The Midday Show com Kerri-Anne Kennerley, não gostei. Estava gordo. A imagem na tela despertou em mim a coragem de assumir o compromisso de perder dezoito quilos até o Natal. E consegui. Segui disciplinadamente uma dieta rigorosa e, com a ajuda de um programa de exercícios, consegui me livrar do excesso de peso.

Desde que comecei a escrever este livro, as circunstâncias mudaram. Como em geral acontece em relação a outros aspectos da vida, minha alimentação evoluiu, de modo a se adaptar ao meu estilo de vida e tipo físico. Atualmente, faço uma dieta à base de proteínas, bastante popular, e que considero eficaz. Embora não siga ao pé da letra, percebo que a redução da ingestão de carboidratos e o aumento do consumo de proteínas (em especial na parte final do dia) me fazem sentir bem e conservar uma silhueta mais esguia.

Existem muitas dietas, e cada uma tem alimentos de que podemos gostar ou não. Quando o estresse se instala, porém, algumas regras básicas devem ser seguidas.

AS REGRAS

- Alimente-se regularmente e veja bem o que come. Uma refeição saudável deve incluir alimentos de todos os grupos:

– fibras

- carboidratos
- proteínas
- gorduras (boas)
- vitaminas
- sais minerais

▪ A lista pode ser desdobrada nos seguintes tipos básicos de dieta:

- proteína de alimentos como carne (magra e, se houver problemas de colesterol, reduza o consumo), peixe, ovos, leguminosas (como vagem e grão-de-bico) e tofu
- salada e/ou três ou quatro porções de vegetais (inclua pelo menos um de cor verde e outro amarelo ou cor de laranja)
- dois ou três pedaços de fruta
- cereais ou grãos, como arroz, pão ou massa integrais ou à base de fermento
- alguns derivados do leite e produtos de soja

Claro que cada dieta é diferente, e as diretrizes são abrangentes. Leia livros e consulte um nutricionista ou médico, para encontrar a dieta adequada ao seu peso e tipo físico, assim como às suas necessidades. É interessante também ter em mente os seguintes pontos:

▪ Gordura boa *versus* gordura ruim. Algumas gorduras são realmente boas e precisam ser incluídas na alimentação, de modo a favorecer o funcionamento do corpo e do cérebro, bem como manter a pele e os cabelos saudáveis. Essas gorduras são geralmente as monoinsaturadas, encontradas em alimentos como abacate, peixe e nozes. Porções desses alimentos devem ser incluídas na dieta. As gorduras ruins são aquelas que aumentam o colesterol, especialmente as de origem animal, como as carnes bovinas ou de aves, leite e derivados. Escolha produtos com baixo teor de gordura ou reduza o consumo ao mínimo.

▪ As fibras, encontradas em cereais, grãos, vegetais e frutas, são importantíssimas para a alimentação. Uma dieta pobre em fibras favorece a prisão de ventre e os problemas digestivos. Acredita-se ainda que a falta de fibras na alimentação aumente a probabilidade de câncer no estômago. Esse tipo de alimento é importante também no controle do peso, pois dá a impressão de saciedade. As fibras têm menos calorias e, entre as condições que se beneficiam de sua ingestão, contam-se: diverticulite, diabetes, cálculos biliares, arteriosclerose, varizes, hemorroidas e hérnias.

- Vitaminas e sais minerais (absorvidos em quantidades mínimas) são importantíssimos para a saúde. Quase toda a necessidade de vitaminas é suprida por uma dieta balanceada, mas, quando o corpo sofre com o estresse, pode ser preciso um suplemento de vitaminas do complexo B. Se desejar mais informações acerca de outros suplementos, consulte um médico ou um nutricionista.

- A água é essencial para o corpo: ajuda a limpar o organismo e a manter todos os sistemas funcionando a contento. Beba oito copos de água por dia. Quando me esqueço de beber água suficiente, sinto-me desidratado no fim do dia. Entre os sintomas da desidratação, estão dor de cabeça e pele seca, além de dificuldade de respirar e acidez estomacal. Agora, começo o dia com o suco de um limão misturado com um copo de água; é bom para o funcionamento do fígado e do estômago. Tenho sempre uma garrafa de água filtrada sobre minha mesa de trabalho e outra no carro. Mas não beba aos poucos: beba tudo de uma vez.

- O estresse pode alterar os níveis de açúcar no sangue. Como já vimos, quando os níveis de açúcar no sangue oscilam, podemos sofrer mudanças de humor, inclusive com tendência a explosões de raiva e acessos de choro, além de dificuldade de concentração e tensão generalizada. Três refeições regulares e balanceadas, diariamente, podem evitar as oscilações do nível de açúcar no sangue. Para alguns, pequenas quantidades divididas em várias refeições dão melhor resultado. Tenha em mente que alimentos muito gordurosos ou ricos em açúcar refinado podem alterar os níveis de açúcar no sangue, além de fazerem mal à saúde como um todo.

O estresse também pode fazer surgirem ou reaparecerem hábitos prejudiciais, como beber ou fumar, por exemplo. Já perdi a conta das pessoas que me confessaram ter recorrido ao fumo ou ao álcool durante períodos difíceis. Não é preciso dizer que esses hábitos em nada ajudam a resolver a situação. A melhor razão que conheço para abandonar o cigarro é o risco de desenvolver câncer de pulmão. O excesso de bebida também causa problemas sérios.

DROGAS – MÁS NOTÍCIAS

O uso “social” de drogas também pode causar problemas graves. Veja a seguir alguns dos efeitos negativos de drogas, como álcool, maconha, ecstasy, cocaína e narcóticos (inclusive cigarro):

- pressão alta ou baixa
- problemas respiratórios (no caso do cigarro)
- paranoia
- visões
- insônia
- convulsões
- danos ao cérebro
- problemas nervosos
- perda de memória
- psicoses
- alterações de personalidade
- explosões de raiva
- dificuldade de concentração

Embora o uso de drogas de qualquer espécie e a má alimentação sejam justificados como “mecanismos de compensação”, é óbvio que de nada servem, pois não ajudam a resolver o problema. Servem apenas para distrair a atenção e perpetuar a situação. Por alguns momentos, podem dar um conforto relativo, mas não são eficazes nem saudáveis. Esses recursos não levam a lugar algum. Na verdade, podem ser um retrocesso.

OS BENEFÍCIOS DOS EXERCÍCIOS FÍSICOS PRATICADOS REGULARMENTE

Nas minhas fases problemáticas, encontrei um recurso simples, mas incrivelmente útil: exercícios regulares. Os exercícios físicos apresentam uma série de características que fazem deles parte crucial de um plano de autoajuda:

1. Favorecem e mantêm o condicionamento físico. O caminho da recuperação pode ser árduo. Não basta comer bem, é preciso manter corpo e mente em boas condições. O exercício é benéfico para o sistema cardiovascular e para a musculatura. A energia gasta no exercício se transforma em energia para as tarefas diárias. Encontre o programa ideal para o seu condicionamento físico e o tempo de que dispõe, mas DÊ UM JEITO DE PRATICAR EXERCÍCIOS. Na Austrália, vem sendo veiculado um anúncio que diz: "Exercícios – faça com regularidade e aproveite."

2. Um programa de exercícios pode refletir os avanços que você deseja conseguir em outras áreas. O sucesso está em estabelecer metas e dar um passo da cada vez até alcançá-las (veja o capítulo 12). Os corredores me dizem que a corrida – em especial quando se sentem cansados e com vontade de parar – às vezes se resume apenas a atingir uma meta. Estabelecer metas para o exercício físico é uma boa ideia. Você pode começar subindo um lance de escadas, estabelecendo a meta de chegar a dois lances no fim do mês. Ou pode fazer um exercício com determinado peso e ir aumentando aos poucos. Estabeleça metas pequenas e simples e assinale seu sucesso ao atingi-las. Assim, estará melhorando a auto-estima e contribuindo para manter o foco em outras áreas onde as metas sejam de importância decisiva.

3. O exercício físico provoca sensação de bem-estar. Quando você se sente bem, tem muito mais entusiasmo para perseguir suas metas. Não existe quem não fique satisfeito ao perceber o gradual desenvolvimento de músculos vigorosos onde antes havia flacidez. A eliminação do excesso de peso também é bem-vinda. E bochechas rosadas, como resultado de uma boa caminhada, melhoram a aparência de qualquer um.

Um dos melhores efeitos colaterais do exercício físico é a sensação agradável que surge naturalmente, porque o exercício aeróbico – aquele que provoca um aumento saudável da frequência cardíaca – continuado estimula a liberação de endorfinas no organismo. Uma das endorfinas liberadas naturalmente é uma substância denominada feniletilamina. Os cientistas acreditam que essa substância seja o principal componente dos elementos que nos levam à paixão e ao amor – e também é encontrada no chocolate!

Todos os que me conhecem sabem que chocolate é uma das maiores paixões que tenho na vida. Acho interessante que amor, chocolate e exercícios estimulem as mesmas sensações agradáveis. Das três opções, o exercício é provavelmente a melhor – embora o chocolate seja um dos pecados mais deliciosos!

4. O exercício físico melhora a qualidade do sono. Estudos demonstram que exercícios regulares têm efeitos profundamente benéficos sobre os padrões de sono. Se a ansiedade lhe causa insônia ou fez você desenvolver maus hábitos quanto ao sono, o exercício é ótimo recurso para uma boa noite de descanso sem a ajuda de remédios.

TEMPO PARA PENSAR

Como podem confirmar aqueles que passaram por um ou mais reveses na vida, quando pensamos no período que antecedeu a crise, concluímos que, de certa maneira, enfiamos a cabeça na areia, seja fugindo ou nos recusando a reconhecer um problema de comunicação – como acontece em muitos relacionamentos. Ou talvez tenha sido uma questão de negligência: de não cuidar suficientemente bem da vida, das finanças ou da saúde. Qualquer que seja a razão, negar o problema só faz com que ele cresça ainda mais. O que faltou àquelas pessoas foi tempo para pensar, todo dia, nas coisas da vida.

A questão do tempo para pensar se resume no seguinte: você precisa encontrar um lugar tranquilo onde possa escutar a sua voz interior, ela tem sempre algo a lhe dizer. Quando falo em "tempo para pensar", estou me referindo a meditação, relaxamento, reflexão – em um espaço só seu. Podem ser dez minutos por dia de respiração profunda ou um fim de semana fora, com o único compromisso de caminhar pela praia ou pela mata. Pense em marcar uma massagem por semana, ou pelo menos uma por mês, ou então fazer uma aula de ioga por semana, para aprender a respirar e "desligar".

Tempo para pensar pode ser a última coisa a passar pela sua cabeça, ao analisar e tentar resolver uma situação difícil. Mas é essencial para sair da crise.

Em geral, as pessoas ocupadas me dizem que aproveitam para pensar durante os exercícios físicos (como eu), embaixo do chuveiro ou no carro. Esses são bons lugares para deixar a mente vagar – exceto em meio ao trânsito pesado, quando seria perigoso se perder em pensamentos –, mas talvez você precise de uma abordagem mais estruturada. Todo mundo precisa de tempo para si. No entanto, essa necessidade é ainda mais intensa quando estamos sob pressão ou em fase de reavaliação ou reformulação da vida – em especial, se quisermos evitar as condições que levaram ao erro, desapontamento ou fracasso. Muita gente me diz que o exercício cumpre essa função. Em períodos de estresse, porém, é preciso encontrar um lugar calmo, reunindo forças para enfrentar as dificuldades do dia a dia.

São muitas as maneiras de encontrar regularmente um tempo para pensar. Meditação, além de respiração profunda e regular, são meios excelentes de desligar e relaxar. Existem muitos livros e professores que podem ajudar você a encontrar diferentes formas de meditação. Faça uma pesquisa.

A RECUPERAÇÃO, DEPOIS DE UM ATAQUE CARDÍACO

Alan, um bem-sucedido revendedor de automóveis, de 55 anos de idade, contou-me sua experiência. Ele havia tido um ataque cardíaco três anos antes e somente agora estava recuperando a confiança para praticar esportes, embora soubesse que era isso que precisava para melhorar seu condicionamento físico. Alan tinha sido um ótimo jogador de futebol e sempre se orgulhou de sua silhueta esguia, mantida graças às "peladas" semanais com os amigos e às partidas de tênis sempre que havia oportunidade. As coisas começaram a desandar com o tumultuado rompimento com a namorada, com quem dividia o apartamento. As batalhas jurídicas pela divisão dos bens e os esforços para manter intactos os negócios fizeram com que Alan fosse aos poucos abandonando os hábitos saudáveis, alegando a necessidade de mais tempo para tratar das finanças e do fim do relacionamento.

A atividade a ser cancelada em seguida foram as partidas de golfe com o vizinho Mike, um agradável ritual de fim de semana. Com as duas formas de "recreio" eliminadas, Alan se concentrou inteiramente nos problemas, sem qualquer válvula de escape para o estresse. Menos de três meses depois, sofreu um ataque cardíaco que, por pouco, não foi fatal.

LUTANDO PELA VIDA E CONTRA OS DEMÔNIOS

Alan ficou três semanas no hospital e passou os seis meses seguintes em casa, em recuperação. O mais difícil, porém, foi reassumir a vida "normal", tentando não se preocupar com a possibilidade de um novo ataque cardíaco. Toda vez que sentia algo diferente, começava a suar de nervoso. Assim como me forcei a avançar mais um trecho a cada dia, na subida da Colina Heartbreak, Alan decidiu afastar seus demônios mentais e recuperar inteiramente a saúde.

A MEDITAÇÃO FOI A SALVAÇÃO DE ALAN

Todos temos alguma coisa na vida que nos é especialmente cara. Para alguns, pode ser um objeto que passa de geração em geração, para outros uma roupa ou um carro antigo. Para Alan, foi algo diferente: ele acredita dever o restabelecimento de sua saúde a técnicas de meditação. Segundo me contou, lembrava-se de uma ex-funcionária da revendedora que tinha atravessado um período muito difícil quando da morte da mãe, mas tinha conseguido se recuperar graças à meditação. Com seu habitual interesse pela vida, Alan entrou em contato com ela e contou as dificuldades que havia enfrentado nos dois últimos anos. Deixou o encontro levando o número do telefone de um dos melhores professores de meditação de Brisbane.

Durante as sessões de meditação, Alan descobriu a paz e a harmonia que lhe faltaram nos dois anos anteriores. Embora levasse ainda uma vida agitada, ele acalmou a mente e se concentrou no que sabia fazer bem, livrando-se do arrependimento que carregava. Assim, reconquistou a autoconfiança.

O relato de Alan lembra que, para lidar com qualquer desafio, é preciso tirar as mãos do espelho retrovisor e colocar no volante. Não se trata de fingir que o passado não aconteceu, mas de reconhecer que nada se pode fazer para mudá-lo. O que passou passou. O que se pode fazer é olhar para o futuro, porque este, sim, podemos planejar e realizar.

OS BENEFÍCIOS DA MEDITAÇÃO

Veja o que ouvi de pessoas que meditam regularmente:

- Consigo ouvir minha voz interior
- Encontro um lugar calmo
- Penso com mais clareza
- Sinto mais segurança

- Tenho mais concentração
- Não me incomodo com ruídos constantes
- Tenho acesso à minha criatividade
- Tenho mais distanciamento dos problemas
- Encontro soluções
- Não entro em pânico

OUTRAS IDEIAS, ALÉM DA MEDITAÇÃO

Se você não quer ou não pode meditar, veja estas sugestões que ouvi de alguns clientes:

- Faça regularmente um passeio solitário em meio à natureza
- Marque uma massagem
- Leia um livro
- Veja um filme
- Interrompa as suas atividades por meia hora, para tomar um café
- Prepare a sua refeição favorita
- Vá pescar

Experimente, até encontrar o método que funcione melhor para você.

AFIRMAÇÕES E VISUALIZAÇÕES

Um dos maiores problemas de um período conturbado é a perda da auto-estima, que vem com ele. Como resgatar a autoconfiança? A recuperação da auto-estima requer tempo e esforço. Um dos métodos, que já vimos neste livro, é o das afirmações em etiquetas adesivas, do tipo *post-it*. É simples, mas funciona. Escreva algumas afirmações positivas sobre você ("Demonstro paciência, força e sensatez diante da adversidade" ou "Estou melhor a cada dia") e prenda em lugares onde possa ver – no espelho do banheiro, na geladeira, na mesinha de cabeceira. Leia sempre que passar por uma delas.

Boa parte da nossa negatividade vem de conversas com o subconsciente. Precisamos substituí-las conscientemente por outras positivas, em que afirmamos nosso valor. Pare de se criticar, a sua autoestima nada tem a ganhar com isso.

Outra técnica que recomendo é a visualização. Essa técnica funciona para ideias positivas ou negativas. Para ideias positivas, pode ser combinada com técnicas para definição de metas (detalhadas no capítulo 12), de modo a ajudar você a conseguir o que deseja. Trata-se simplesmente de visualizar como será a vida quando as metas forem atingidas. Chamo isso de "ensaio mental".

Para que a técnica seja aplicada com eficácia, procure um lugar calmo, onde não haja interrupções por pelo menos quinze minutos. Feche os olhos. Pense onde quer estar em um futuro próximo (determine um período de tempo razoável – um ano ou dois). Imagine todos os detalhes que considerar importantes. Se a sua meta for adquirir a casa própria, por exemplo, pense na localização, na decoração, nas flores do jardim. Assim, terá a sensação de já ter conseguido o que deseja.

Alguns chamam isso de "sonhar acordado". Mas tem muito mais poder! É a manifestação de um sonho, que exige ação. Quanto mais claramente você conseguir visualizar algo positivo, mais provável que faça acontecer.

Do mesmo modo, se algo o preocupa (o prazo final para um pagamento, por exemplo), use a "técnica da bolha cor-de-rosa", que aprendi no livro *Visualização Criativa*, de Shakti Gawain. Em essência, consiste em mandar as preocupações embora, dentro de uma bolha: feche os olhos, coloque as preocupações dentro de uma bolha cor-de-rosa e a solte no ar. Essa técnica funciona especialmente bem no caso de coisas que não podemos controlar.

Seja qual for o método escolhido, é importante cumpri-lo regularmente. Essa é uma excelente maneira de manter o foco nas metas e fazer algo positivo, que o ajude a superar o seu problema.

Capítulo 14

DA SEGUNDA VEZ É MAIS FÁCIL

NESTE CAPÍTULO

▪ O lado material ▪ A recuperação das finanças e da saúde ▪ Caminhando na direção da saúde

Certa vez, assisti a uma entrevista do bilionário australiano Gerry Harvey, em que lhe foi perguntado:

– Se você perdesse tudo o que tem, o que faria?

– Ora, o que já fiz uma vez posso fazer de novo! – foi a resposta.

Naquele momento, eu me senti inspirado pelo que ele disse, e essa inspiração se confirmou recentemente.

Nas horas mais sombrias dos últimos três anos, houve ocasiões em que desacreditei definitivamente de meu entusiasmo e energia. No fundo, porém, sempre soube que me agarraria ao último fio de esperança e "daria a volta por cima". E às vezes, como você pôde perceber, era uma linha muito tênue.

Na primeira onda de sucessos que experimentei na profissão, minha segurança foi conquistada gradualmente. Aos poucos, comecei a acreditar que poderia conseguir mais. Depois de um ano falando diariamente para uma plateia de 20 pessoas, queria falar para mais gente. Depois de me apresentar para 200 pessoas, acreditei que poderia me apresentar para mil ou 5 mil e assim por diante. Durante a segunda onda de sucessos, porém, jamais deixei de acreditar que seria capaz de falar para uma plateia de milhares. Isso significa que a recuperação foi mais rápida do que a conquista da primeira vez. Novos clientes chegavam em quantidade muito maior do que eu poderia imaginar.

O lado bom de começar de novo aos 40 é que eu trazia mais conhecimento em diversas áreas, e também sabia que nada é absolutamente garantido. Tinha plena consciência da rapidez com que as coisas haviam desandado e estava pronto para enfrentar os desafios de um recomeço.

Cinco anos atrás, o fato de me atrasar para pegar um voo seria motivo de muita lamentação. Hoje, porém, quando chego correndo ao aeroporto, escuto uma voz interior dizendo: "Uau, como você melhorou, Paul! Há dois anos, você não conseguia dar um passo sem sentir dores terríveis!"

Atualmente, quando me apresento e recebo aplausos entusiásticos (espero!), não encaro isso como mais uma palestra, simplesmente, embora possa afirmar com certeza jamais ter considerado uma apresentação como "favas contadas". Sempre gostei do que faço e, nos últimos quinze anos, não houve um só trabalho que não fosse um prazer. Agora, no entanto, cada palestra é uma experiência inteiramente nova, quase "espiritual". Quando afirmo isso, não me refiro ao sentido religioso, mas a uma conexão com os ouvintes que, antes dos reveses por que passei, não existia. Claro que eu era um bom palestrante e tinha a confirmação disso quando os clientes me chamavam para novas apresentações (e ainda chamam, graças a Deus!). Mas hoje, quando chego diante de um grupo, sinto uma "presença" que não consigo explicar.

Na semana passada, falei para 300 policiais de New South Wales. Ao começar, senti uma onda de emoção. Eles certamente sabiam o quanto lhes era grato por terem salvado a minha vida, por isso a conexão com a plateia foi mais forte. Incrível!

O LADO MATERIAL

A sensação de "segunda vez" inclui, ainda, bens e serviços. Cinco anos atrás, eu entrava em um avião, sentava na parte da frente e acreditava que a vida seria assim para sempre. Hoje, quando ocupo a classe executiva ou a primeira classe, tenho uma sensação de realização; não é um fato como qualquer outro. O mesmo se dá com os locais onde me hospedo. Por haver trabalhado para a Qantas Holidays, tenho interesse especial em hotéis. Agora, quando me registro em um hotel de luxo, tenho a mesma sensação de quando era um novato na indústria do turismo e viajava ao exterior para treinamento. A emoção é a mesma.

Nunca pensei que recomeçaria a vida aos 40, mas, agora que sei como é, recomendo enfaticamente.

Há pouco tempo, conversando com um cliente, comentei o quanto estava gostando da sensação de "começar de novo". Ele concordou. David (esse é seu nome) passou os vinte primeiros anos da vida adulta cuidando da carreira e é o primeiro a admitir que deixou de lado a família, em especial os filhos, o que o faz sentir um bocado de remorso. Superado o sofrimento pelo fim do relacionamento, ele se casou novamente, cinco anos mais tarde, e deu início a uma nova família – aos 45 anos de idade. David disse que a alegria que encontra nesta "segunda" família (ele tem duas crianças de menos de 6 anos) é incrível. Quando comecei a descrever como me sentia retomando minhas atividades, ele sorriu. Segundo disse, assim como eu tinha errado, ele também havia cometido erros com a primeira mulher e com os filhos do primeiro casamento e, por nada neste mundo, os repetiria. Agora, aconteça o que acontecer no trabalho, faz questão de tomar o café da manhã com as crianças e levá-las para a escola, tarefa que anteriormente deixava com a mulher. David concluiu dizendo que, se cumpre os compromissos assumidos com o chefe, não pode ser diferente em casa, com a família.

É isso aí, David!

A RECUPERAÇÃO DAS FINANÇAS E DA SAÚDE

Comecei o primeiro capítulo com aquelas palavras terríveis: "Paul, não tem outro jeito, você precisa pedir falência." Como o leitor agora sabe, havia outras opções e agradeço aos meus credores pela oportunidade que me deram de pagar o que devia. Aquelas palavras que me apontavam o caminho da falência foram pronunciadas mais de três anos atrás, o que significa o seguinte: se eu tivesse aceitado o conselho, estaria agora livre de todas as dívidas. Ponto final. Nada com que me preocupar. Pela atual lei de falências australiana, aquele que declara falência tem todas as dívidas perdoadas ao fim de três anos. A esta altura, portanto, eu teria deixado tudo para trás. Não haveria a quem pagar e eu poderia ir aonde quisesse.

Como você sabe, porém, não concordei com os conselhos e lutei com todas as fibras do meu corpo para não ir à falência. E estou plenamente satisfeito com a decisão que tomei, porque sei que falta pouco para acabar de cumprir o acordo que fiz com os credores. Quando conseguir, será como chegar ao topo de uma montanha, não somente por ter honrado a palavra empenhada, mas porque muitos duvidaram de mim. Eu me lembro de ouvir falar sobre a frequência com que endividados, decorridos alguns meses – cerca de um ano, em média – do acordo com os credores, se convencem de que não podem pagar e acabam decidindo pela falência depois de tanto sacrifício. Devo reconhecer que hoje que sei do sofrimento e da pressão envolvidos compreendo quem decide assim. Houve momentos em que pensei não suportar e desejei que tudo terminasse logo. Mas percebo que o que me faz determinado e forte é a visão que tenho da cena, depois que o quebra-cabeça estiver montado. Por mais difícil que seja, não vou à falência.

Acabou a história.

Ponto final.

CAMINHANDO NA DIREÇÃO DA SAÚDE

Já contei como recuperei a saúde e a capacidade de andar, conquistando a Colina Heartbreak, em Vaucluse. Meu "paraíso" agora é na Lower North Shore, em Sydney, onde caminho toda manhã e toda noite.

É fácil? Não. Definitivamente não.

De vez em quando, falto à caminhada? Com certeza.

Mas, quando isso acontece, os quilinhos extras logo aparecem e alguém pergunta: "Como vão as suas caminhadas?" Estou bem agora, porém. É verdade que, em algumas noites, custo a dormir pensando no passado e, em outras, acordo preocupado com as dívidas que assumi há três anos. No entanto, foi em meio à luta que descobri um Paul Hanna mais forte, mais paciente e mais feliz.

OLHANDO PARA A FRENTE

Enquanto escrevo estas palavras, admiro um dos maiores transatlânticos do mundo, o Star Princess, afastar-se lentamente do terminal de passageiros de Circular Quay, em Sydney. O "hotel de seis estrelas sobre a água", com seus 18 andares de imponência, domina a paisagem e atrai a atenção dos habitantes.

Enquanto os fogos de artifício explodem sobre o porto de Sydney, sinalizando a partida, surpreende-me a facilidade com que o capitão manobra suave e elegantemente entre as embarcações de recreio que esperam para fazer as saudações de despedida.

Foi então que o ciclo se fechou.

Percebi que a cena representava o tema deste livro: a coragem de, aos poucos, deixar para trás a segurança de um relacionamento falido, do emprego perdido ou das finanças desestruturadas; a coragem de mudar e crescer, melhorando a saúde, abrindo-se a novos horizontes e tomando coragem de dar um passo à frente; a coragem de reformular as metas pessoais, não somente para ter um objetivo, mas para manter a perspectiva, quando o mar estiver agitado.

Mais do que qualquer outra coisa, porém, a partida do Star Princess lembra que, apesar de avançar lentamente, o transatlântico, ao cabo de alguns anos, terá percorrido grandes distâncias.

Não Desista! Você Pode! trata de resgatar a vida, um passo de cada vez. Trata de nunca desistir, ainda que a desesperança pareça apontar esse caminho. Mais do que qualquer outra coisa, porém, *Não Desista! Você Pode!* trata de acreditar no espírito de luta que todos trazemos.

Conheça também outros livros da FUNDAMENTO

VOCÊ PODE!

Paul Hanna

Um acontecimento traumático – a morte do pai – fez com que o autor Paul Hanna passasse a ter a certeza de que as pessoas bem-sucedidas não se deixam vencer pelos momentos difíceis. E mais, ainda os superam em qualquer circunstância. *Você Pode!* foi a forma que ele encontrou de dividir suas ideias de autossuperação, coragem e perseverança com milhares de pessoas. Seja uma delas!

ACREDITE! VOCÊ PODE!

Paul Hanna

Em *Acredite! Você Pode!*, Paul Hanna convida os leitores a refletirem sobre a felicidade. Muita gente usa os acontecimentos negativos para sabotar a realização pessoal – mas também é possível torná-los uma escada para o sucesso e para desenvolver a coragem interior. O autor usa as próprias experiências para mostrar que as dificuldades passam, porém as pessoas fortes continuam de pé. Confira!

EDITORA FUNDAMENTO EDUCACIONAL

www.editorafundamento.com.br

Conheça também outros livros da FUNDAMENTO

VENDA MAIS! VOCÊ PODE!

Paul Hanna

Paul Hanna, palestrante que já trabalhou com multinacionais como a Toyota e o McDonalds, alia seu conhecimento sobre motivação às técnicas secretas dos vendedores mais bem-sucedidos.

Entre outras informações valiosas, saiba como evitar "as dez coisas que nenhum vendedor deve fazer", como estabelecer uma boa rede de relações e a trabalhar sua autoestima. Aproveite dezenas de dicas valiosas para vender mais e melhor!

QUEM PENSA ENRIQUECE

Napoleon Hill

Todos querem ficar ricos, mas poucos conseguem. Será que existe segredo para se tornar milionário? Você pode descobrir isso em *Quem pensa enriquece* – um livro que cada vez mais tem ajudado pessoas a se tornarem bem-sucedidas e poderosas!

Nesta obra-prima de Napoleon Hill, você vai conhecer as características de grandes vencedores, como Henry Ford e Theodore Roosevelt, e aprender a usá-las a seu favor. Use a imaginação, a persistência e o planejamento e mude a sua vida para muito melhor.

EDITORA FUNDAMENTO EDUCACIONAL

www.editorafundamento.com.br

Cartão-Resposta

9912208203/08 – DR/PR

EDITORA FUNDAMENTO

CORREIOS

CARTÃO-RESPOSTA

NÃO É NECESSÁRIO SELAR

O Selo será pago pela Editora Fundamento Educacional Ltda.

"NÃO COLOCAR EM CAIXA DE COLETA
ENTREGAR NO GUICHE DE UMA AGÊNCIA DA ECT"

80240-240 – A/C EDITORA FUNDAMENTO